'짜장면' '막걸리' '도깨비' 등으로 새롭게 역사를 읽는 시간!

단어로 읽는
5분 한국사

일러두기

1. 책 속 어원은 현대 국어 표기법에 따랐으며 어원 중 몽골어 등은 음가만 표기했습니다.
2. 도서명은 『 』로, 산문이나 시는 「 」로, 잡지나 정기 간행물은《 》로, 영화 제목, 그림 등은〈 〉로 표기했습니다.

'짜장면' '막걸리' '도깨비' 등으로 새롭게 역사를 읽는 시간!

단어로 읽는 5분 한국사

김영훈 지음

글담출판

머리말

유물이나 기록이 아니라 어원으로 읽는 새로운 한국사

'대박'이라는 말을 모르는 사람이 얼마나 될까요? 저는 이 짧은 소리가 내는 힘이 참 강하다고 생각합니다. 그래서 많은 사람들이 무언가 믿기 어려운 일이 벌어졌을 때나 어떤 일이 크게 벌어졌을 때 자기도 모르게 "대박!"이라고 외치는 듯합니다. 하지만 대박이라는 말을 이렇게 흔하게 사용하기 시작한 것은 길어야 20년 안팎입니다. 지금은 많은 사람들이 기억하지 못하지만 '대박'이 유행하기 전에는 '따봉'이라는 말을 많이 썼답니다. '대박'과 같은 의미지만 지금은 쓰이지 않고 있죠. '대박'이라는 표현 역시 1000년 뒤, 아니 그리 멀지 않은 몇십 년 뒤에 계속 쓰이고 있을지 장담할 수 없습니다.

"시치미를 딱 잡아떼는데 도무지 어떻게 된 건지 알 수가 없네."

여기서 '시치미'와 '도무지'는 정확히 무슨 뜻일까요? 여러분은 요즘 입 밖으로 잘 꺼내지도 않는 이 말들을 정확히 알아야 할 필요성을 못 느낄 수도 있습니다. 하지만 이들의 어원을 따라가다 보면 '시치미'를 통해서는 고려 시대의 매 사냥을, '도무지'를 통해서는 조선 시대의 형벌 제도를 만나게 됩니다. 단어를 통해 고려와 조선의 역사·문화를 만나게 되는 셈입니다.

인간은 100년도 살기 어렵지만 언어의 생명은 수천 년에서 수만 년에 이릅니다. 물론 우리가 쓰는 말 중에는 짧은 생을 살다가 사라지는 경우도 많습니다. 대부분의 유행어가 몇 달만 살고 생을 마감하지요. 이러한 언어의 삶을 반추해 보면 언어란 고정된 것이 아니라 태어나 전성기를 맞이했다가 사라지는, 마치 살아 있는 유기체 같습니다. 그래서 저는 소셜 네트워크 서비스(SNS) 때문에 의미를 알 수 없을 정도로 말이 짧아지는 현상에 대해 지나치게 걱정할 필요는 없다고 생각합니다.

언어는 시대와 문화의 숨겨진 연결 고리입니다. 이 책은 그와 같은 언어의 특징을 활용해 재미있는 역사 이야기를 담아냈습니다. 사실 저는 이 책을 제안받았을 때 '과연 가능할까?' 하고 의심부터 했습니다. 몇 개의 말을 추적한다고 해서 지나간 역사와 문화를 얼마나 깊게 이해할 수 있을까 염려되었기 때문입니다.

하지만 이 책을 집필하면서 언어야말로 그 어떤 책이나 연표보다 훨씬 흥미롭고 유익한 역사 공부의 통로라는 것을 깨달았습니다. '참외'를 통해서는 참외를 너무 좋아한 나머지 고려 시대의 가장 빛나는 문화유산인 참외 모양 청자와 그를 빚어 낸 당대 사람들의 예술적인 감각을 만날 수 있었습니다. '소주'로는 고려를 침범한 원나라를 넘어 아랍으로까지 여행할 수 있었고, '고구마'로는 일본으로 떠난 통신사 사절들의 이동 경로를 추적할 수도 있었죠.

이 책에는 '씨가 먹히다.' '꼬드기다' 등 요즘 젊은 사람들이 흔히 쓰지 않는 단어들도 나옵니다. '씨가 먹히다.'와 각종 지역명을 통해 길쌈 문화가 얼마나 중요했었는지를 풀어내고, '꼬드기다'라는 단어를 통해 연이 놀이 도구가 아니라 군사적 도구로도 활용되었음을 설명하죠. 오늘날 주로 쓰이고 있는 외래어들을 통해 세계 역사 상식을 쌓을 수 있었던 『단어로 읽는 5분 세계사』와 달리 유물과 기록으로 만날 수 없는 선조들의 생활상을 만나는 셈입니다. 한국 문화의 원형을 만나는 것이죠.

지나간 역사와 옛 사람들의 삶을 마주하는 이 어원 여행은 『단어로 읽는 5분 세계사』와 『단어로 읽는 5분 세계사 플러스』를 집필한 장한업 교수의 추천으로부터 시작되었습니다. 과연 할 수 있을까 망설이던 저에게 장한업 교수는 "쓸 수 있다!"고 계속 응원해 주었습니다. 또 원고를 쓰기에 앞서 어원의 선정과 관련 자료의 수집, 토론 등으로 도움을 준 오윤정 박사와 이진아 석사에게도 고마운 마음을 전합니다. 그들의 도움이 없었다면 아마도 훨씬 오랜 시간이 지나서야 책이 출간되었을 겁니다.

책을 준비하면서 만난 글담출판사 김종길 대표의 열정이 기억납니다. 늘 열심히 일하는 사람들을 만나면 주눅이 들기도 하지만, 결국 좋은 힘을 얻곤 합니다. 그리고 처음부터 책을 기획하고 마무리하느라 고생한 안아람 편집자에게도 깊은 감사를 전합니다.

2018년 6월

김 영 훈

✦✦ CONTENTS ✦✦

2. 고려의 화려한 귀족 문화와 뿌리를 뒤흔든 원 간섭기

5. 강제로 열린 문 그리고 근대화의 시작

'무교' '음악' '길쌈 문화' 등의 한국 문화는 고대 시대에서 비롯되었습니다. 역사학자들은 유물과 역사 사료로도 속속들이 알지 못하는 고대 문화의 흔적을 '단골' '노래' '씨가 먹히다.'와 같은 말에서 찾곤 합니다.

1.
고대에서 찾은 한국 문화의 원형

단골_단골

노래_놀-

씨가 먹히다_씨줄

꼬드기다_꼬드기다

고조선을 세운 단군은
사실 무당이었다?

단골

단골

우리나라 최초의 국가인 고조선은
임금이 제사를 주관하는 제정일치 사회로
신의 뜻을 중요하게 여겼습니다.
'단군'이라는 말도 무당을 뜻하는 '단골'을 한자로 옮긴 말이죠.

"여기가 내 단골이야!" 친구들을 데리고 자주 가는 식당에 갔을 때 흔히들 하는 말입니다. 이때 주인이 아는 체하며 반갑게 맞아 주면, 친구들 앞에서 내가 진짜 그 가게의 단골이란 걸 보여 준 듯해 어깨가 으쓱해지곤 합니다.

'단골'은 식당이나 가게 주인과 손님 간의 친밀한 관계를 나타내는 말입니다. 이 관계는 경제적인 관점에서 보면 재미있게 읽히기도 합니다. 손님의 입장에서는 자신이 단골이라는 걸 피력함으로써 주인에게 자주 오니 잘해 달라는 기대감을 내비치는 것이고, 주인의 입장에서는 손님이 자주 오면 매출에 도움이 되니 손님에게 아는 체하며 조금이라도 서비스를 주겠다는 친밀감을 표시하는 것이죠.

단골의 단어 변화 과정을 찾아보면 놀랍게도 한국의 무교를 만나게 됩니다. 단골은 한국의 무교와 관련된 말 중에서 가장 오랜 기간 쓰이고 있는 말 중 하나입니다. 한민족의 시조인 '단군檀君'이 바로 단골을 한자로 옮긴 말이거든요.

단군과 무교가 무슨 연관이 있냐고요? 단골은 오래전부터 한반도에서 활동해 온 무당을 가리키는 말로, 정확히 말하면 세습무를 의미합니다. 무당이 되는 길은 두 가지가 있는데 하나는 신의 부름을 받아 강신무가 되는 것이고, 다른 하나는 무당인 아버지나 어머니로부터 그 신분을 이어받아 세습무가 되는 것입니다. 옛날에는 이 세습무를 흔히 단골이라고 불렀답니다. 우리나라에서는 호남 지역에 유독 단골들이 많이 나타났는데, 이들의 신분은 수 세대에 걸쳐 세습되었기 때문에 동네 의원이나 지역 유지有志처럼 그 동네에 막대한 영향력을 끼치

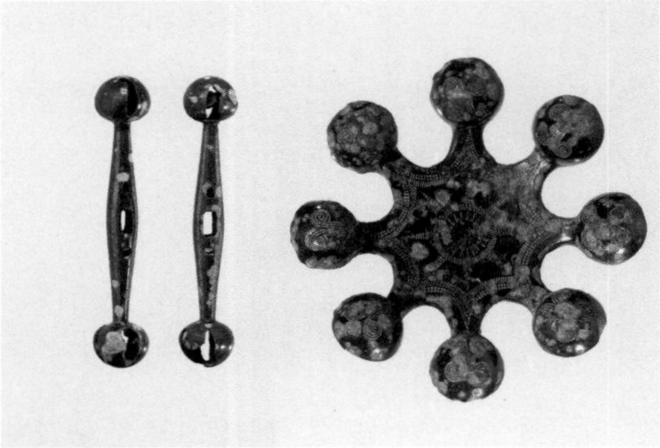

❖❖❖
고조선은 통치자가 제사를 주관하는 제정일치의 사회였습니다. 당시 제사에 쓰인 도구로는 가지 양 끝에 방울이 달린 아령 모양의 쌍두령(좌)과 여덟 방향으로 갈라진 가지 끝에 방울이 달린 팔주령(우) 등이 있습니다.

는 경우가 많았습니다. 한동네 사람들이 오랫동안 같은 곳에서 약을 지어 먹었다면 그만큼 의원과 동네 사람들 간에 끈끈한 유대감이 형성되어 있다는 뜻입니다. 이와 마찬가지로 지역 무당도 동네 사람들과 오랜 시간 유대 관계를 형성하며 그 지역에 막대한 영향력을 끼쳤을 겁니다. '단골'은 바로 이러한 맥락에서 나온 말입니다. 같은 맥락에서 고조선의 첫 임금 역시 당시 그 지역에서 막대한 영향력을 끼친 무당이었을 것이라는 주장이 제기되고 있습니다. 물론 단골은 이제 무교와 전혀 상관없는 일상어가 되어 버렸지만요.

여기서 잠깐, 어떻게 해야 무당이 될 수 있는지 알아볼까요? 대다수의 사람들은 신이 내리거나 무당의 신분을 이어받기만 하면 저절로 무당이 되는 줄 알고 있는데, 이는 잘못 알려진 사실이랍니다. 아무나 무당이 될 수 없거든요. 오랜 훈련을 통해서만 무당이 될 수 있죠. 무당이라면 굿의 절차는 물론, 제사상을 차리는 방법과 굿에 필요한 음악이나 춤을 익혀야 합니다. 무당이 주관하는 의례인 굿만 해도 매우 복잡한 절차에 따라 진행되기 때문에 훈련 없이는 무당 노릇을 할 수 없죠. 수많은 굿판에 쫓아다니며 굿에 참여해야만 무당이 될 수 있는 것입니다.

혹시 무당이나 굿은 여러분과 상관없는 미신에 불과하다고 생각하나요? 그렇다고 해도 무교가 한국의 종교 중에 가장 오랜 역사를 가진 종교라는 사실은 부정할 수 없을 거예요. 그런 의미에서 무당이 벌이는 굿판은 한국 전통 문화의 보고랍니다. '시나위'란 말을 들어 보았나요? 국내 록 밴드의 이름으로 알려져 있지만 원래 시나위는 굿판을 의미하는 단어랍니다. 전통 굿판에서 연주되는 신명 나는 음악과 연관시켜 밴드의 이름을 시나위라고 한 것이죠. 실제로 굿을 본 적이 없어도 '살풀이춤'이니 '산조'니 하는 말은 들어 봤을 거예요. 둘 다 굿판에서 사용하는 용어랍니다. 이뿐만 아니라 무당들의 입에서 입으로 전해 내려오는 이야기들은 국문학자들에게 매우 중요한 자료가 되기도 합니다. 무당이나 굿이 그만큼 오랜 역사와 예술적 가치를 지니고 있기 때문입니다. 여러분도 자신과 상관없는 미신으로만 치부할 것이 아니라 이들이 지닌 역사적·문화적 가치를 돌아보고 그 의미를 되새겨 보면 어떨까요?

'떼창' 같은 한국인의 흥은 언제부터 시작되었을까?

놀-

노래

중국의 역사서인 『삼국지』에 따르면 한반도의 부족민들은 술을 마시고 노래하고 춤추는 집단적인 축제를 즐겼다고 합니다. 오늘날까지 전해지는 고대 가요들도 춤출 수 있는 음악이었죠.

'노래'라는 말을 모르는 사람이 있을까요? 하지만 '노래'가 '놀이' '노리개' '놀림' '노릇'과 같은 단어에서 파생되었다는 사실을 아는 사람은 드물 겁니다. 모두 '놀다'의 '놀'에서 파생된 말들이죠. 그렇다면 '노래'와 '놀이' 사이에는 어떤 공통점이 있는 걸까요?

사람의 활동은 크게 '일'과 '놀이'로 나눌 수 있습니다. 여기서 일은 하기 싫지만 해야 하는 활동이고, 놀이는 이유가 없어도 자발적으로 할 수 있는 활동이라고 정의해 봅시다. 물론 이 정의에 따르면 공부나 일을 놀이라고 생각하는 사람도 있긴 할 겁니다. 하지만 기본적으로 놀이는 일과 다릅니다. 일처럼 누군가의 강요에 의한 것이 아니라 자발적으로 하는 행위로서 즐거움과 흥겨움을 동반하는 활동이니까요.

여기서 놀이가 주는 즐거움은 놀이의 목적이라고도 할 수 있습니다. 한국인은 놀이가 주는 즐거움을 흔히들 노래에서 찾곤 합니다. 계절마다 다양한 지역에서 열리는 각종 음악 축제나 노래 오디션 프로그램이 늘 인기가 있는 것만 봐도 잘 알 수 있습니다. 게다가 오디션 프로그램을 보다 보면 놀라운 재능을 가진 참가자들이 믿기 어려울 만큼 많죠. 노래에 대한 열정만 놓고 보면 우리나라를 따라올 나라는 아마 없을 거예요. 실제로 노래방 종주국인 일본과 같이 노래방 문화를 수출하고 있을 정도니까요.

사실 한국인들의 흥은 예전부터 널리 알려져 있었답니다. 중국의 역사서인 『삼국지』「위서」 동이전에는 한반도의 부족민들이 집단적인 축제를 즐기는데, 그 기간 동안에는 내내 술을 마시고 노래하고 춤춘다고 기록되어 있습니다. 그런데 이 기록을 단순하게 글자 그대로 받아들여서는 안 된답니다. 사람이 며칠 밤낮을 쉬지 않고 음주 가무만 한다면 심각한 일이 생길 수도 있잖아요? 세세한 부연 설명은 없지만 아마 기록 속의 집단적인 축제는 당시 한반도 부족민에 속한 부여와 고구려 주민들의 아주 잘 조직된 제의 행사였을 것입니다. 풍작을 염원하며 하늘에 제를 올리고, 같이 음식을 나눠 먹으며 즐기는 축제였던 것이죠. 오늘날의 무질서한 카니발과는 거리가 멀었답니다.

따라서 '놀다'에서 파생된 그 옛날의 '노래'는 이야기이자 춤을 출 수 있는 음악이었을 것입니다. 우리에게 익숙한 〈공무도하가〉나 〈처용가〉를 예로 들어 볼까요? 〈공무도하가〉는 이별의 한을 노래한 고대 가요로, 머리가 하얗게 센 미치광이 사내가 머리를 풀어 헤친 채 술병을 들고 비틀거리며 강을 건너다가 물에 빠져 죽자 그의 아내가 이 노래를 부르고 남편을 따라 물에 빠져 죽는다는 이야기가 전해집니다. 또 〈처용가〉는 신라 향가로, 민가와 궁중에서 음력 섣달 그믐날에 귀신을 쫓아내려고 행하던 의식인 나례에서 춤출 때 처용 가면을 쓰고 이 노래를 불렀다고 전해집니다. 이 가요들을 통해 당시 백성들이 문자 대신 노래와 몸짓으로 이야기를 풀어내고 전했던 것을 알 수 있습니다. 노래와 춤, 놀이가 어울려 한국의 원초적인 문화를 형성한 것이죠. 이는 세계 역사와 문화를 돌이켜 볼 때 한국만의 문화적인 특징은 아니고 전 인류에게 나타나는 특징이기도 합니다.

지금도 둘째가라면 서러울 정도로 흥이 넘치는 한국 사람들의 놀이 문화는 외국 학자들의 호기심을 자극하는 연구 대상입니다. 특히 학자들은 장소를 불문하고 어디에서든 판을 벌이는 한국 사람들의 흥을 어떻게 설명해야 하는지 궁금해하죠. 아마도 우리의 마당놀이나 굿판에서 그 원형을 찾을 수 있지 않을까 싶습니다. 마당놀이나 굿판은 조명이 켜진 무대와 객석이 분리된 공연장이 아니라 원형 마당에서 벌어집니다. 마당놀이의 경우 흥이 넘치기 시작하면 놀이패와 관객이 한데 어우러져 다른 나라에서는 보기 힘든 신바람 놀이 문화를 보여주죠. 소위 풍물놀이라고 하는 농악의 북소리나 징, 꽹과리의 쇳소리가 가진 힘은 또 어떻고요? 다른 나라의 음악에서는 찾기 어려울 정도의 울림을 느낄 수 있습니다. 그래서 놀이꾼들에게는 공연이나 연주라는 말보다, 놀이꾼들이 한바탕 놀이를 시작하면서 추임새로 넣는 "한 판 놀아 보자!"라는 말 속 '놀이'가 더 잘 어울려 보입니다.

min +1분 한국사

노래는 언제 생긴 음악 양식일까?

'노래'는 '놀다'의 '놀'에 '애'가 더해져 명사가 된 말입니다. 우리말에는 이와 비슷한 과정을 거쳐 형성된 단어들이 많습니다. 병의 아가리나 구멍을 막는 데 쓰이는 '마개'는 '막다'와 '애'가 합쳐진 말이며, 새나 곤충의 몸 양쪽에 붙어서 날아다니는 데 쓰이는 기관인 '날개'는 '날다'와 '애'가 합쳐져 만들어진 말입니다. 또 흙을 파헤치거나 떠서 던지는 농기구인 '가래'는 '갈다'와 '애'가, 사물의 테두리나 바깥 언저리를 일컫는 '둘레'는 '두르다'와 '애'가 합쳐진 경우죠. 모두 동사 어간에 명사형 어미가 붙어서 생긴 말들입니다.

'노래'는 1447년에 간행된 조선 왕조 창업에 관한 서사시 『용비어천가』에 처음으로 등장합니다. 그리고 '날개'는 1459년에 간행된 석가의 일대기인 『월인석보』에, '가래'는 1527년에 간행된 최세진의 한자 학습서 『훈몽자회』 등에서 그 전거*가 나타납니다.

* 典據. 말이나 문장의 근거가 되는 문헌상의 출처.

인류는 언제부터 동물 가죽이 아닌
실로 짠 옷감으로 옷을 해 입었을까?

씨줄

씨가 먹히다

신석기 시대 유물로 동물 뼈에
실을 감은 실패 등이 발견되는 것으로 보아
직조의 역사는 오래된 것으로 보입니다.
문헌 기록에 따르면 삼한 시대에 이미 길쌈이 성행했다고 하네요.

생각이나 의도를 상대방에게 전하려고 하는데 도무지 대화가 되지 않을 때 흔히 '씨도 안 먹힌다.'라고 말합니다. 반대로 '씨가 먹힌다.'라는 말은 원하는 대로 일이 진행될 때 하는 말이지요. 얼핏 생각하면 이러한 표현이 농사할 때나 밭에 씨를 뿌리는 행동에서 나왔을 것 같지만 사실은 전혀 다른 풍습에서 나왔답니다. 바로 실을 내어 옷감을 짜는 길쌈에서 유래했죠. '씨가 먹히다.'라는 말은 길쌈할 때 씨줄과 날줄이 엮이며 옷감이 만들어지는 데서 나온 말로, 베를 잘 짰다는 뜻입니다.

산업 사회 이전인 농경 사회에서 생산 활동의 두 축을 꼽으라면 바로 농사와 길쌈일 것입니다. 대개 남자들이 논밭에 나가 농사일을 담당했고 여자들은 옷감을 만들었지요. 사람이 생존하는 데 먹는 것만큼 기본적이고 중요한 것은 없지만, 옷을 만들어 입는 것 역시 인간 생활의 기본 요소인 의식주에 해당하는 중요한 활동이었습니다. 먹을 것이 없으면 구걸이라도 하러 나가야 하는데, 옷이 없으면 그조차 할 수 없을 테니까요. 이렇게 보면 '의, 식, 주'의 순서에도 이유가 있는 것 같습니다.

옷이 생존의 바탕이 되는 만큼 옷을 만들어 입은 역사는 인간의 역사와 한가지라고 할 수 있습니다. 고대 인류는 동물의 가죽 등을 이용해 옷을 만들었습니다. 그러다가 뼈바늘과 가락바퀴 등을 고안해 내면서 점차 옷을 짜 입었습니다. 직조의 역사가 시작된 것이죠. 실제로 동물 뼈에 실을 감은 실패나 바늘 등 직조와 관련된 신석기 시대 유물

❖❖❖
가락바퀴는 섬유를 이어 꼬아 가면서 실을 만드는 가장 원시적인 형태의 실 뽑는 도구예요. 이는 신석기 시대의 유물로, 선사 시대에 방직술이 있었다는 것을 입증하는 사료랍니다.

이 발견되곤 합니다. 문헌 기록을 살펴봐도 삼한 시대* 이전부터 길쌈이 이루어졌던 것을 알 수 있습니다.

옷감은 화폐 대용으로 사용되면서 농가의 주요 소득으로 자리 잡았습니다. 삼국 시대부터 조선 시대에 이르기까지 '포布', 즉 천에 세금이 부과되었다는 기록이 있을 정도로 옷감은 경제의 근간을 차지했죠. 이런 이유로 조선 시대에는 길쌈이 국가 시책으로 추진되기도 했습니다. 당시 왕이 시범적으로 농사를 지으면 왕비는 누에를 기르고 옷감을 짰습니다. 비단옷을 만들기 위해 누에를 키우고 잠신蠶神**에게 제사를 지내는 의례는 왕비가 수행하는 매우 중요한 활동이었죠. 또 잠실, 잠원 등 지역 이름에 누에를 뜻하는 '잠蠶' 자가 사용된 것을 통해 민간 전역에 누에 치는 일이 장려되었음을 추정할 수도 있습니다.

---

* 삼국 시대 이전 한반도 중남부 지방에 형성되어 있던 정치 집단에 대한 통칭으로 마한, 진한, 변한을 말한다.

** 蠶神. 누에치기를 처음 했다는 신.

오늘날 직접 옷감을 마련해 옷을 짜서 입는 사람은 거의 없습니다. 산업 시대 이후 면직물을 대량으로 생산하기 시작하면서 기성복을 사 입는 것이 보편화되었기 때문입니다. 베, 모시, 명주, 무명 등 옷감을 길쌈하던 전통은 대부분 사라지고 몇몇 남아 있는 것은 중요 무형 문화재로 보호받고 있는 실정이죠. 현재까지도 전통 방식 그대로 만들어지는 옷감으로는 안동포나 한산 모시가 있습니다. 모두 손으로 직접 만드는 이 옷감들은 기계로 만든 옷감과는 비교할 수 없을 정도로 품질이 좋다고 합니다. 안타깝게도 최고급 안동포의 가격은 아무나 쉽게 살 수 없을 정도로 비싼 가격에 거래되고 있습니다. 하지만 더 안타까운 것은 의류 문화가 바뀌어 전통 소재로 만든 베옷이나 모시옷, 비단옷 등을 특별한 날이 아니면 찾아보기 어렵다는 것입니다.

전 세계에서 가장 뛰어난 연이
우리나라에 존재한다고?

꼬드기다

꼬드기다

각국의 연을 연구하는 학자들은
한국의 방패연을 세계에서 가장 뛰어난 연으로 꼽는답니다.
방패연의 가로세로 비율과 중앙에 있는 구멍이
강한 바람에도 연을 잘 날 수 있게 해주기 때문입니다.

누군가를 자기 생각대로 조종해 어떤 일을 하게 만들 때 '꼬드긴다.'라는 말을 씁니다. '꼬드기다'는 연날리기에서 유래한 말이랍니다. 연을 날리려면 줄을 잘 조절해 바람에 따라 움직이게 해야 하는데, 바로 이것을 꼬드긴다고 표현하죠. 연줄을 잘 꼬드기는 것이 연날리기의 핵심입니다. 그리고 연줄을 잘 다루는 이런 실력이 사람의 마음까지 움직인다는 의미에서 '꼬드기다'의 의미가 확장되었습니다.

연날리기는 이제 특별한 날에만 하지만 과거에는 겨울과 정월 대보름 사이에 가장 많이 하는 전통 놀이였답니다. 사람들은 누가 더 높이, 더 멀리 연을 날리는지, 제자리에서 연을 공중회전시킬 수 있는지 등 실력을 겨루었지요. 특히 연줄에 유리 가루나 사기 가루를 입혀 상대방의 연줄을 끊음으로써 실력을 뽐내는 경우가 많았답니다. 이렇게 보면 연날리기는 놀이가 아니라 싸움이라고 할 수 있겠네요.

우리나라의 연 중에서는 방패연이 제일로 꼽힙니다. 글자 그대로 방패 모양의 장방형에 꽁지를 달고 가운데에 구멍을 낸 연이지요. 각국의 연을 연구하는 학자들에 따르면 방패연은 세계적으로도 놀랍고 특별한 연이라고 합니다. 중앙의 구멍이 강한 바람에도 효과적으로 연을 날게 해줄 뿐만 아니라 다른 나라의 연과 비교했을 때 가로세로의 비율이 빠르게 움직이는 데 최적으로 디자인되었기 때문이죠.

연날리기의 전통과 관련된 가장 오래된 역사 자료는 『삼국사기』 〈김유신전〉입니다. 이 자료를 통해 적어도 삼국 시대 이전부터 연을 날렸다는 것을 추정할 수 있죠. 연과 관련된 고려 시대의 기록도 남아 있는데 최영 장군의 탐라도 정벌에 관한 것을 대표로 꼽을 수 있습니다.

고려의 역사를 정리한 『고려사절요』에 따르면 최영 장군은 갈대 씨앗이 가득 담긴 주머니를 연에 달아 높이 띄운 후, 섬 주위에 갈대 씨앗이 떨어지게 했다고 합니다. 그리고 떨어진 갈대 씨앗이 자라 탐라도 주변이 온통 갈대밭이 되었을 때 화공*으로 성을 점령했죠. 어디까지가 사실일까 의문이 들기도 하지만 여기서 눈여겨볼 점은 연을 놀이의 수단이 아니라 군사적인 목적으로 사용했다는 것입니다. 우리가 잘 아는 이순신 장군 역시 군사적인 신호를 주고받는 데 연을 사용했다는 기록이 남아 있답니다. 서양에도 기원전부터 연을 날렸다는 기록이 있죠. 아무래도 연은 전 세계의 전통 놀잇감이자 군사적 도구였나 봅니다.

여기서 우리는 연이 가지는 원초적인 의미를 생각해 볼 필요가 있습니다. '연'이라는 말 자체는 '바람을 타고 나는 새'를 의미합니다. 솔개를 나타내는 한자 '연鳶' 자가 쓰인 것만 봐도 알 수 있죠. 오래전부터 새는 인간에게 특별한 존재로 인식되어 왔습니다. 인간과 달리 창공을 나는 비범한 능력을 지닌 존재인 동시에 땅에서 살아가는 인간과 하늘을 연결하는 매개자로 인식되었죠. 이러한 맥락에서 인류가 연을 만들어 날린 것은 단순한 놀이나 군사적인 목적을 넘어 인간의 소망을 하늘에 전하는 행위이지 않았을까요? 우리 민족이 정월 대보름이면 나쁜 액厄을 떨치는 송액연을 띄우고 줄을 잘라 건강한 삶을 기원해 온 것처럼요.

* 火攻. 전쟁 때에 불로 적을 공격함.

고려의 화려한 귀족 문화는 '참외'를 형상화한 청자와 '수박'을 주제로 삼은 한시 등을 통해 엿볼 수 있는데요. 한반도 역사 전체에서 눈에 띌 정도로 특색이 있습니다. 무엇보다 정치적으로 고려의 기반을 흔든 원 간섭기의 영향은 '소주' '설렁탕'을 통해서도 알 수 있듯이 한반도의 식문화를 바꾸고 오늘날까지 전해지고 있죠.

2.
고려의 화려한 귀족 문화와 뿌리를 뒤흔든 원 간섭기

참외_참+瓜

굴비_굽이

수박_西瓜

깡패_can- / gang-

소주_燒酎

반지_半指

설렁탕_空湯

시치미_시치미

후추_胡椒

고려 시대 사람들은 자신들의
참외 사랑을 예술로 승화시켰다?

참+瓜

참외

고려청자는 세계적으로 그 가치를 인정받는 문화유산입니다. 그중에서도 참외 모양을 본뜬 청자가 계속 발견되는 것을 보니 아무래도 고려 사람들의 참외 사랑이 남달랐던 것 같네요.

마트에서 노란 참외가 가득 쌓인 진열대를 지나다 보면 참외의 단맛만큼이나 달디단 향에 발길을 멈추게 됩니다. 노랗고 동그란 타원형에 하얀 금이 위아래로 그어져 있는 참외는 한여름 갈증을 덜어 주는 최고의 과일이죠. '참외'는 최고를 의미하는 순우리말 '참'과 오이를 뜻하는 '외瓜'가 합쳐진 말입니다. 그러니까 최고의 오이라는 뜻이죠. '참나물' '참나무' '참치'도 같은 원리로 만들어진 말들인데 각각의 분야에서 최고를 뜻하는 이름들인 셈입니다.

참외는 오이나 박과 같은 넝쿨 식물입니다. 한반도에는 삼국 시대 이전에 중국에서 유입된 것으로 알려져 있습니다. 개구리 피부처럼 검푸른 바탕에 물결 모양의 녹색 얼룩이 있는 개구리참외나 초록색 참외 등 다양한 지방 재래종이 있지만, 아직까지는 노란 참외가 참외의 대명사로 자리매김하고 있죠. 참고로 요즘 출하되는 참외의 70~80퍼센트는 성주군에서 나오는 참외인데, 이는 일본에서 들여온 은천 참외를 개량한 것이라고 하네요.

한편 예전의 참외 모습과 맛에 대해서는 정확히 알려진 바가 없습니다. 다만 고려 시대에 참외의 형태를 본따 청자를 만들었다는 기록과 청자의 모양을 통해 오늘날의 참외와 비슷한 형태였을 것으로 추측할 수 있습니다. 그런데 참외 모양을 본따 만든 청자가 계속 발견되는 것을 보면 당시 사람들의 참외 사랑이 참 남달랐다는 생각이 듭니다. 국보 제94호로 지정된 청자 참외 모양 병을 보세요. 몸통은 오늘날 우리가 즐겨 먹는 참외의 모습과 거의 같은데, 마치 참외의 꽃잎 같은 여덟 개의 잎이 이어지는 듯한 윗부분은 매우 얇고 넘실대는 곡선을

고려 사람들은 도자기의 빛깔이 푸른 것을
비색翡色이라고 부른다…… 술 그릇의 모양은 오이와 같은데,
위에 연꽃이나 엎드린 오리 모양의 작은 뚜껑이 있다.
_송나라의 사신 서긍

고려 시대 사람들은 참외 모양을 본따 다양한 청자를 만들었답니다. 왼쪽 상단에 있는 국보 제94호 청자 참외 모양 병은 고려청자 제작 기술이 절정기에 이른 12세기 전반에 만들어진 작품으로, 참외 형태의 몸체와 목 부분에 음각되어 있는 줄 외에는 다른 장식이 없어요. 하지만 다른 청자에 비해 훨씬 온아하고 단정한 곡선과 비례를 가지고 있으며 비색의 표본을 보여 주고 있습니다.

빚어내고 있습니다. 계속 바라보고 있으면 감탄이 절로 나올 정도죠. 아마도 수백 번 아니, 수천 번의 시도 끝에 완성된 완벽한 청자가 아닐까 싶습니다.

고려청자는 색감이나 형태적 다양성 면에서 놀라울 정도로 아름답고 우아합니다. 그중에서도 국보 제94호 청자 참외 모양 병은 그 우수성은 물론, 제작 시기가 분명하게 알려져 있어 높은 가치를 지니고 있습니다. 황통 6년(1146년)이라는 표시가 있는 인종*의 시책**과 함께 출토되었거든요. 무엇보다 세계 최고의 청자 제작 기술을 우리 주위에서 쉽게 볼 수 있는 과일의 모양과 접목한 작품이라는 점에서 청자 참외 모양 병은 한국의 매우 독특한 전통 유산입니다.

고려청자 이야기는 이만하고, 한국 참외와 관련한 흥미로운 소식을 하나 전해 줄게요. 2016년 5월 4일, 국내산 참외가 국제 식품 분류에 등록되어 코리안 멜론Korean Melon으로 인정받았다고 합니다. 최근 우리 참외가 서양 과일인 멜론의 인기에 밀려 소외되고 있었는데, 이제는 코리안 멜론이라는 이름으로 외국에 수출할 수 있게 된 것이죠. 서양의 멜론이 한국인의 입맛을 사로잡았듯이 코리안 멜론이 어떤 맛으로 서양인들의 입맛을 매료시킬지 자못 궁금해집니다.

* 재위 1122-1146년.

** 諡册. 과거 시험 문제를 새긴 옥책(玉册)이나 죽책(竹册).

반란에 실패하고 귀양을 떠난 이자겸이 왕에게 굴비를 진상한 이유는?

굽이

굴비

이자겸은 귀양지에서
굴비와 함께 '屈非'라고 쓴 글을 왕에게 보냈습니다.
자신의 뜻을 절대로 굽히지 않겠다는 뜻을 담아 보낸 겁니다.

 "영광 굴비 세트! 최고의 명절 선물." 명절만 되면 마트에서 흔히 볼 수 있는 문구입니다. 수만 원에서 어떤 경우에는 100만 원도 넘는 큼지막한 굴비 세트는 비싸고 고급스러운 명절 선물로 사랑받아 왔습니다. 최근 김영란법이라고 불리는 부패 방지법이 시행되면서 값비싼 굴비 세트를 선물로 주고받는 경우는 드물어졌지만 여전히 최고의 명절 선물로 인정받고 있죠. 굴비 맛을 본 사람이라면 굴비를 그냥 지나치기 어렵거든요.

굴비는 조기를 소금에 절여 말린 것을 가리키는데, 그중에서 전라남도 영광 지역에서 나는 것을 최고로 칩니다. 그래서 '영광 굴비' 하면 맛있는 굴비의 대명사로 불리기도 하죠. 소금에 절여 말린 조기를 굴비라고 부른 데에는 두 가지 설이 있습니다. 하나는 굴비라는 단어가 말린 조기의 모습에서 왔다는 설입니다. 조기를 짚으로 엮어 말리는 과정에서 점점 머리와 꼬리 부분이 아래로 처지는데 이 모습이 굽은 등처럼 구부러져 있어 '굽이'라고 부르던 것을 점차 구비, 굴비로 바꿔 불렀다는 것입니다. 이렇게 보면 알쏭달쏭하고 어려운 한자어처럼 들리던 굴비의 뜻이 쉽게 이해되죠?

굴비의 어원에 관한 또 하나의 설은 지금으로부터 약 900년 전, 고려 시대에 일어난 '이자겸의 난'과 관련이 있습니다. 지금의 전라남도 영광은 당시 정주라고 불렸습니다. 그러니 원래 표현대로 하자면 영광 굴비가 아니라 정주 굴비라고 해야겠죠? 정주는 이자겸이 반란에 실패하고 귀양을 갔던 곳이랍니다. 이곳에서 이자겸은 굴비를 처음 맛보았다고 해요. 그리고 혼자 먹기에 아까웠는지 당시의 왕이자 자신이 폐위시키려고 한 인종에게 굴비를 진상하지요. 그러면서 그는 굴비를 한자로 '屈非'라고 써서 함께 보냅니다. 한자를 직역하면 '굽히지 않겠다.'라는 뜻으로, 자신이 귀양을 오기는 했지만 절대로 굴하지 않겠다는 뜻을 담아 보낸 것입니다. 귀양을 간 이자겸은 왜 말린 조기까지 보내면서 자신의 뜻을 드러낸 걸까요?

이자겸의 집안인 경원 이씨* 가문은 고려 중기, 현종이 거란의 침입에 공주로 피난을 갔던 당시 공주 절도사인 김은부가 세 딸을 바쳐 모두 왕후로 만들면서 역사의 전면에 등장했습니다. 김은부의 아내가 경원 이씨 가문 사람이었는데, 딸 세 명 모두 왕후가 되니 그 후광이 아내의 친정에까지 미쳤거든요. 이후 현종의 아들 문종과 문종의 아들 순종, 선종까지 모두 이씨 가문 출신의 왕후를 얻었고 이자겸의 딸은 문종의 손자인 예종과 결혼해 훗날 인종이 되는 아들을 낳았습니다. 그리고 인종 또한 이자겸의 딸을 왕후로 맞이했죠. 인종은 자신의 이모와 결혼하게 된 셈입니다. 이로써 이자겸은 왕의 외할아버지이자 장인으로서 무소불위의 권력을 휘두르게 됩니다. 이러한 고려 시대의 최대 스캔들인 경원 이씨 가문의 흥망성쇠는 소설로 쓰이기도 했죠.

이자겸은 여기에서 멈추지 않고 스스로 왕 이상의 권력을 휘두르려고 반란을 일으켰습니다. 하지만 반란은 실패했고 결국 외손자인 동시에 사위인 인종에게 밀려나 정주로 귀양을 가고 말았죠. 그리고 유배지에서 7개월을 살다가 지병으로 세상을 떠났답니다. 1126년(인종

* 인천 이씨.

4년) 12월의 일이지요. 이로써 이자겸 개인은 물론, 고려 제11대 왕인 문종부터 제17대 왕인 인종까지 무려 80여 년 동안 다섯 명의 왕에게 아홉 명의 왕비를 들이며 최고의 권력을 휘두르던 경원 이씨 집안도 몰락하고 말았습니다. 수도 개경에서 최고의 복락을 누릴 때는 맛보지 않다가 귀양을 가서 먹어 본 굴비 맛은 어땠을까요? 그리고 이자겸이 인종에게 보낸 정주 굴비의 맛은 또 어땠을지 궁금해집니다.

min +1분 한국사

명태를 먹으면 눈이 좋아진다고?

한국인에게 가장 친근한 물고기는 아마 생태, 황태, 동태, 북어 등 다양한 이름으로 불리는 명태가 아닐까요? 명태는 대구과 물고기로 '대구大口'처럼 정말 입이 큰 생선입니다.

'명태'의 어원에 관해서는 다양한 이야기가 있는데, 그중 태씨 성의 어부와 관련된 이야기가 가장 흥미롭습니다. 조선의 왕 인조가 통치하던 시절, 함경도 관찰사가 명천군에서 잡아 올린 생선을 너무 맛있게 먹었다고 합니다. 그래서 이름을 물었더니 태씨라는 성을 가진 어부가 잡았다고만 할 뿐, 이름은 모른다고 했다네요. 그래서 함경도 관찰사가 그 자리에서 명천의 '명'과 태씨의 '태'를 합쳐 '명태'라고 이름을 붙였다고 합니다. 물론 명확한 근거가 없는 재미있는 이야기에 불과하답니다.

또 다른 이야기에 따르면 명태를 먹으면 눈이 밝아져서 '밝을 명明' 자를 사용해 생선의 이름을 지었다고 합니다. 명태의 간을 짜서 만든 기름으로 등불을 켜면 밝아지기 때문에 '明' 자가 붙었다는 이야기도 있고요.

어느 것이 진짜 유래인지 알 수는 없지만 적어도 별칭이 가장 많은 물고기임은 분명합니다. 명태를 말리면 북어, 얼리면 동태, 눈과 바람에 얼렸다가 녹이면 황태, 반쯤 말리면 코다리, 그리고 황태가 되지 못한 먹태 등 그 별칭이 스무 가지나 된다고 하니 이름의 수로 치면 최고의 생선이 아닐까 싶네요.

고려 시대에는 수박을 사려면 쌀 반 가마니를 줘야 했다고?

西瓜

수박

수박은 한반도에서 재배하기가 쉽지 않았기 때문에
그 가격이 쌀 반 가마니 정도였다고 해요.
그럼에도 고려 귀족들이 즐겨 찾았다고 하니
수박을 잘 재배할 수만 있었다면 대박이 났겠죠?

요즘에는 계절에 관계없이 다양한 과일을 맛볼 수 있지만 예전에는 시장에 나온 과일만 살펴도 계절의 변화를 알 수 있었습니다. 참외와 수박만 봐도 여름이 온 것을 알 수 있었죠. 앞에서 이야기한 것과 같이 고려 시대 사람들의 참외 사랑이 남달랐다고 하지만 일제 강점기까지만 해도 수박이 참외보다 더 귀한 대접을 받았답니다. 참외는 서민들의 과일, 수박은 양반들의 과일이라는 말까지 있었다고 하네요. 지금은 수박이 흔하지만 당시에는 재배가 어려웠거든요.

수박은 서양에서 온 과일입니다. 수박의 원산지는 아프리카예요. 이집트의 수박이 중동과 중앙아시아를 거쳐 중국에 전해졌고 그것이 다시 한반도까지 전해진 것이죠. 이집트에서 한반도까지, 수박이 이동해 온 경로를 보면 한마디로 수박 오디세이이자 천로역정*이 따로 없습니다. 또 이 과정에서 얼마나 많은 사연이 있었을까요?

중국에서는 수박을 '서과西瓜'라고 하는데, 서양에서 전래된 박이라는 뜻입니다. 중국의 서과가 '수박'으로 불린 이유는 수분이 91퍼센트를 차지할 만큼 물이 많은 박이기 때문입니다. 수박은 더운 날씨에 수분과 당을 섭취하기에 매우 좋은 여름 과일이죠.

하지만 처음에는 한반도에서 수박을 재배하기가 쉽지 않았습니다. 기록에 의하면 고려 시대에 원나라로 귀화한 고려 사람 홍다구가 개성에서 돈을 벌 목적으로 수박을 처음 들여와 재배했는데 큰돈을 벌지는 못했다고 해요. 수박은 사막 기후에서 잘 자라는 과일이었기 때

* 영국 작가 버니언이 쓴 소설로 신의 노여움을 두려워한 기독교인이 갖은 고난을 겪고 천국에 이르는 과정을 그렸다.

문이죠. 그래도 홍다구 덕분에 귀족들 사이에 수박이 알려졌고, 수박은 곧 인기 있는 과일이 됩니다. 고려 후기의 학자인 이색이 남긴 시를 한번 살펴볼까요?

마지막 여름이 이제 다해 가니	季夏今將盡
이미 수박을 먹을 때가 되었도다	西瓜已可嘗
승제 아들은 근교를 유람하고	龍喉遊近甸
늙은 아비는 높은 집에 있었더니	鶴髮在高堂
하얀 속살은 얼음처럼 시원하고	瓣白氷爲質
푸른 껍질은 빛나는 옥 같구려	皮靑玉有光
달고 시원한 물이 폐에 스며드니	甘泉流入肺
신세가 절로 맑고도 서늘하구나	身世自淸凉

쉽게 구할 수도 없는 수박을 찾는 귀족들이 점점 늘어나자 수박 한 통 값은 천정부지로 치솟았습니다. 실제로 고려 말기부터 조선 초기까지 수박 한 통 값이 쌀 반 가마니 값과 같아 수박을 '금박'이라고도 불렀다네요.

하지만 당시의 재배업자들은 수박씨를 어렵게 구해 재배에 성공한다고 해도 좋은 일보다 나쁜 일을 더 많이 겪은 모양입니다. 수박이 워낙 귀한 과일이다 보니 조선 시대에는 궁궐에 진상되었는데 중간에서 관리들의 개입이 심해 민초들이 큰 고통을 겪었거든요. "평생토록 수박을 심지 않는 까닭은 아전 놈들이 트집 잡고 시비 걸까 무서워라네."

라는 정약용의 시에서도 당시 상황이 잘 묘사되어 있습니다.

그럼에도 수박을 잘 키울 수만 있다면 요즘 말로 대박이 나는 셈이었습니다. 옛 속담에 '되는 집에는 가지에 수박이 열린다.'라는 말도 있죠. 가지를 심었는데 수박이 열려 엄청난 이득을 보게 된다는 뜻입니다. 이밖에도 우리나라에 '수박 겉핥기' 등 수박과 관련된 속담이나 관용구가 많은 것을 보면 수박이 우리 삶에 깊숙이 자리 잡은 대표 외국과일이라는 걸 알 수 있습니다.

오늘날에는 크기가 작은 수박부터 씨 없는 수박, 속은 노랗고 겉은 까만 수박까지 다양한 수박이 생산되고 있습니다. 조선 시대 사람들이 보면 깜짝 놀라겠네요.

min +1분 한국사

시금치는 우리나라 채소가 아니다?

한국인들의 식탁에 오르는 식재료로 매우 친숙한 시금치. 하지만 이 시금치는 토종 채소가 아니랍니다. 원래 중동 지방의 채소죠. 시금치가 한반도에서 재배되기 시작했다는 기록은 조선 초기 역사 자료에 처음으로 등장하지만 고려 시대에 중동 상인을 통해 중국을 거쳐 한반도로 유입된 것으로 보입니다. 시금치의 어원인 한자어 '적근채赤根菜'는 중국어로 '치근차이'라고 읽습니다. 이 말이 한반도에 들어와 변화하며 '치근채'-'시근채'-'시금치'로 안착되었죠.

한편 요즘 인기 있는 과일 중 하나인 자몽은 가까운 일본에서 이름의 변천사를 찾을 수 있습니다. 일본어 '자봉ザボン'이 한국에 와서 자몽이 되었거든요. 시대를 더 거슬러 올라가 포르투갈의 '잠보아zamboa'가 일본으로 전파되었고, 그 말이 다시 한국으로 들어왔다고 알려져 있지만 사실 잠보아는 우리가 먹는 자몽과는 다른 과일이라고 합니다. 자몽의 원산지가 서인도 제도인데다, 우리가 먹는 자몽의 대부분은 미국 캘리포니아에서 온 것들이죠. 한 가지 더 흥미로운 사실을 말하자면 미국에서는 자몽을 '그레이프프루트grapefruit'라고 하는데 자몽이 나무에 달린 모습이 마치 포도송이처럼 보여서라고 하네요. 그러고 보니 도통 언제, 어디에서부터 자몽이라는 이름으로 불리고 있는지 아리송합니다.

한국의 대표 깡패가 김두한이라면
최초의 깡패는 누구일까?

can- / gang-

깡패

고려 무신 정권 시기에 집권한 경대승은
거리의 깡패들을 모아 자신의 사병 조직을 만들었습니다.
그런데 이들이 양민들에게 해를 끼쳐
우리나라 최초의 조폭으로 보기도 한답니다.

'깡패'는 글자 그대로 '깡'과 '패'의 합성어입니다. '패'는 같이 어울려 다니는 무리를 말하는데 문제는 '깡'입니다. 깡에 대해서는 흔히 깡통으로 불리는 '캔can'에서 유래했다는 설과 '갱스터gangster'의 '갱gang'이 깡으로 발음되었다는 설이 있습니다. 첫 번째 설은 빈 깡통을 두드리며 선거 유세장에 나타난 1950년대 정치 깡패의 등장과 관련이 있습니다. 그리고 두 번째 설은 한국 전쟁 이후 미군이 주둔하면서 영어와 우리말이 합쳐지는 경우가 많았는데, 깡패도 이와 같은 경우라고 보는 것입니다. 이 두 가지 설 중 어느 것이 맞는지는 정확히 알 수 없지만 일제 강점기와 한국 전쟁을 거쳐 지금까지도 이어지고 있는 깡패의 역사에 대해서는 돌아볼 필요가 있습니다.

깡패라는 조직화된 불량 집단의 역사는 사실 놀랄 만큼 깁니다. 서양 영화에서 종종 등장하는 마피아는 그 역사가 100년이 넘는다고 하네요. 영화 〈대부〉에서는 미국으로 이민 온 이탈리아 출신의 빈민이 어떻게 거대한 마피아의 보스가 되는지 잘 그리고 있습니다. 중국의 삼합회, 일본의 야쿠자 등도 오랜 역사를 지닌 동아시아 지역의 유명 깡패 조직들이죠. 참고로 '야쿠자'라는 말은 일본에서 화투나 도박을 할 때 쓰는 말인데 '쓸데없는 패들'을 의미합니다.

우리나라 역사에 조직화된 깡패 조직이 등장한 것은 고려 무신 정권 시기입니다. 1170년, 오랫동안 문신에 비해 차별 대우를 받고 있던 무신들이 결국 무신 정변을 일으켰습니다. 그리고 당시 왕인 의종을 몰아내고 명종을 세워 권력을 장악했죠. 무신 정권 초기에는 정변을 일으킨 무신들이 서로 권력을 독점하기 위해 쟁탈전을 벌임으로써 집권자가 자주 바뀌었습니다. 1174년에 이의방을 몰아내고 권력의 정점을 차지한 정중부 역시 1179년에 스물여섯 살의 경대승에게 죽임을 당하고 말았죠.

무신 정권의 폐단이 싫던 경대승은 무신 정변 세력을 무력화하고자 당시 최고 정치 기구인 중방*을 약화시키고 무관들을 등용했습니다. 이에 기존 무신들이 반발했고, 신변의 위협을 느낀 경대승은 사병을 조직해 자신을 보호했습니다. 이것이 바로 한국 깡패 조직의 시초인 '도방'입니다. 이때 도방의 사병들은 거리의 깡패들로 구성되었는데 이들이 양민들에게까지 해를 끼쳐 혹자는 경대승을 최초의 조직폭력배, 즉 조폭으로 보기도 한답니다.

조선 시대의 대표적인 예로는 세조 때 수양대군이 왕위에 오를 수 있도록 도왔던 홍윤성과 그가 이끌었던 한양패를 꼽을 수 있습니다. 당시 세조의 책사인 한명회와 손을 잡고 정권 찬탈에 앞장섰던 사람들이 정치 깡패의 원조인 셈이죠. 흥선 대원군이 활동하던 시기에도 유명세를 떨친 조직이 있었는데 바로 '천하장안'이라고 불린 비밀 조직입니다. 천하장안은 천희연, 하정일, 장순규, 안필주 네 명의 성을 따서 부른 것으로, 이 네 명은 대원군의 비공식적 권력 활동에 관여한 조직의 우두머리들이었습니다.

깡패를 언급하며 빼놓을 수 없는 인물이 있습니다. 바로 김두한입니다. 그는 일제 강점기부터 해방 후까지 활동한 인물로, 김두한을 주인

* 상장군, 대장군 등 최고 무신들로 구성된 회의 기구.

공으로 한 영화와 드라마가 제작되기도 했습니다. 영화와 드라마 모두 종로를 배경으로 조선 깡패와 일본에서 건너온 깡패들 사이에서 벌어지는 일화를 주요하게 다루었는데, 김두한과 대립하던 하야시라는 인물이 바로 일본의 야쿠자였죠(사실 김두한과 대립한 하야시는 인천에서 태어난 한국인이라고 합니다).

우리나라의 조폭은 일제 강점기에 일본의 야쿠자가 들어오면서부터 등장한 것으로 보입니다. 그러니까 오래전부터 주먹을 사용해 먹고사는 사람들이 있었지만 오늘날처럼 폭력배의 모습을 갖추기 시작한 것은 바로 일제 강점기라는 것이죠. 조폭들은 1950~1960년대에 정치 깡패를 거치며 성장한 뒤 1980년대에는 전국적인 조직을 형성하기도 했습니다. 정부의 강력한 단속을 통해 기세가 누그러지기는 했지만 지금도 유흥 산업 주변에는 조폭 세력이 존재한다고 봐도 무방하답니다.

건달, 양아치, 어깨(일본어로 '가다'), 조폭 등은 깡패와 비슷하게 사용되는 말이지만 모두 의미가 조금씩 다릅니다. 예를 들어 건달은 한량처럼 건들건들 놀거나 게으른 사람을 지칭하는데, 깡패나 조폭은 여러 명이 모여 조직화된 집단을 의미합니다. 또 양아치는 상대방을 매우 업신여길 때 사용하는 단어고요.

그런데 이 '양아치'는 놀랍게도 불교와 연관되어 있는 말입니다. 양아치는 '동냥아치'가 줄어든 말인데 '동냥'이란 스님들이 여기저기 다니며 음식 등을 시주받으며 탁발할 때 흔드는 구리 방울입니다. 그러니까 동냥아치는 구걸하는 스님을 일컫는 말인 것이죠. 사실 탁발은 스님들이 신도들에게 음식을 받는 동시에 덕을 쌓는 의식입니다. 그런데 이런 신성한 종교 의식을 행하는 스님들을 길거리에서 구걸하는 거지들과 묶어서 동냥아치라고 비하하다니, 아이러니하지 않나요?

+1분 한국사

한국 전쟁 이후 깡통이 서민들의 애용품이었다?

전쟁은 엄청난 파괴를 불러오지만 동시에 새로운 물건이 유입되는 계기가 되기도 합니다. 한국 전쟁의 경우도 마찬가지인데 깡통을 대표적인 예로 들 수 있습니다. 깡통은 영어 '캔can'과 우리말 '통'이 합쳐져 만들어진 말인데 일본에서 캔을 '깡'으로 발음하면서 깡통이라고 불린 것으로 보입니다. 그래서인지 요즘 젊은 세대에게는 캔 커피나 캔 맥주처럼 캔이란 발음이 익숙하지만 나이 든 세대에게는 깡통이 더 익숙하게 들립니다.

깡통은 언제 어떻게 우리나라에 들어왔을까요? 처음 깡통이 소개된 것은 대한 제국 시절입니다. 자료에 의하면 1900년대에 들어서면서 지금의 북한 지역인 원산의 털게를 가공해 통조림으로 만든 것이 한국 깡통의 시초라고 합니다.

하지만 통조림 깡통이 본격적으로 일상생활에 들어온 시기는 한국 전쟁을 기점으로 봐야 합니다. 식품을 신선하게 보존할 수 있다는 장점 때문에 전쟁 기간은 물론, 전쟁 후에도 엄청난 양의 군납 통조림이 대량 공급되었거든요. 물자가 귀했기 때문에 다 먹고 난 빈 깡통도 실생활에 사용되었답니다. 추운 겨울이면 통조림에 구멍을 내 불을 피우고 쥐불놀이를 하거나 깡통에 흙을 담아 화분으로 사용하는 아이들을 종종 볼 수 있었죠. 저도 하굣길에 기분이 심드렁하면 길거리에 굴러다니는 빈 깡통을 걷어차곤 했던 기억이 있답니다. 오늘날처럼 가죽공이 없던 시절이었기 때문에 깡통을 축구공처럼 차며 놀기도 했죠.

한편 사업 실패로 재산을 다 날리면, 깡통을 찼다고 표현합니다. 수중에 빈 깡통만 남았다는 뜻이죠. 그런데 왜 영어로 "캔 찼다."라는 표현은 없을까요?

한국인이 사랑하는 소주가
원래는 아랍의 술이라고?

燒酎

소주

소주는 고려 시대 때 원나라로부터 유입된 술입니다.
당시에는 아락주라고 불렀는데 이는 아랍어 아라크araq에서
유래한 말입니다. 즉 아랍의 술이 몽골을 통해
한반도에 전해져 소주가 된 것이죠.

한류가 점차 세계 곳곳으로 확산되면서 음악, 드라마, 영화는 물론, 음식에 이르기까지 외국인들의 관심이 쏠리고 있습니다. 그중에서도 특히 외국인들의 흥미를 끄는 것이 하나 있는데 한국 드라마에 자주 등장하는 초록색 병, 바로 소주입니다.

한국인의 알코올 소비량은 세계 최고 수준입니다. 그런 한국인들이 술 하면 보통 떠올리는 것이 바로 소주랍니다. 소주의 소비량은 계속 늘어나고 있는데 통계청 자료에 따르면 2017년에만 약 36억 병이 판매되었다고 합니다. 20세 이상 성인 인구수로 나누면 성인 한 명당 하루 평균 2.1잔을 마신 셈입니다. 양주, 맥주, 막걸리 등도 많이 소비되고 있지만 소주가 차지하는 압도적인 비중만 보면 소주를 소위 국민술이라고 해도 무방할 것 같습니다.

놀랍게도 소주는 800년에 가까운 역사를 자랑합니다. 따라서 어원을 밝히기 위해서는 소주를 한자로 바꿔 살펴야 합니다. '소주燒酎'는 '태울 소燒'와 '증류 주酎'로 구성된 한자어로, '태워서 만든 술'이라는 뜻을 가지고 있습니다. 예전에는 '태울 소燒' 대신에 '불 화火'를 써서 화주라고 부르기도 했죠. 여기서 흥미로운 것은 일반적으로 술 이름에 사용하는 '술 주酒' 자를 쓰지 않았다는 점입니다. 맥주, 양주, 탁주, 곡주에는 모두 '酒' 자를 쓰는데 유독 소주만이 다르죠. 이는 일반적인 곡주들과 달리 알코올 도수를 올리기 위해 두세 번 더 증류한 술이라는 점을 드러내기 위해서라고 합니다.

이름부터 거창하게 느껴질 정도로 만드는 법이 남다른 소주는 원래 귀족들이나 마실 수 있는 고급 '외국 술'이었습니다. 13세기 무렵 원

❖❖❖
해인사 대장경판은 부처님의 힘을 빌어 몽골군을 물리치고자 만든 불교 경전이에요. 오늘날 남아 있는 대장경판 중 세계에서 가장 오래된 대장경판이랍니다.

나라가 고려에 본격적으로 영향력을 끼친 이후 한반도에 알려졌지요. 오늘날 소주로 유명한 안동이 고려 시대에 원나라 군대가 일본 원정을 위해 주둔한 지역 중 하나라는 점도 이를 뒷받침하는 사실입니다. 원나라 군대가 있던 곳에 소주가 있었던 것이죠. 하지만 원나라, 즉 몽골 역시 소주의 원산지는 아니랍니다. 그들 역시 아랍으로부터 소주를 수입했죠. 실제로 소주는 고려 시대에 '아락주'라고 불렸는데, 이는 아랍어 '아라크araq'에서 유래한 말입니다.

고려는 수십 년간 원나라의 간섭을 받았습니다. 이는 기분 좋지 않은 역사인 것이 분명합니다. 6차에 걸친 침입 외에도 크고 작은 침탈로 국토는 거의 황폐화되었고, 백성들은 먹고살기 힘들어졌습니다. 원나라는 강화를 맺고 난 후에도 일본 원정을 위해 고려에 끊임없이 물자를 요구했고, 그로 인해 고려의 경제는 거의 파탄에 이르렀죠.

그러나 몽골의 영향으로 한반도의 식탁이 다채로워진 것은 분명합니다. 오늘날 없어서는 안 될 식재료인 설탕, 후추 등이 유입되었고 곰탕이나 순대같이 고기가 들어가는 음식이 상 위로 올라왔습니다. 소주도 그때 유입된 것들 중 하나였죠.

사실 고려 시대 귀족들이 마신 소주는 오늘날 우리가 마시는 소주와는 달랐답니다. 지금 우리가 흔히 볼 수 있는 소주의 역사는 50여 년밖에 되지 않았죠. 쌀을 충분히 먹기 어렵던 시절인 1965년에 정부가 법으로 소주의 원래 제작 방식인 곡식으로만 증류하던 방식을 금지했기 때문입니다. 먹을 곡식도 모자라다 보니 곡식이 많이 소비되는 전통식 소주를 제한한 거예요. 그런 이유로 에탄올에 물과 감미료를 섞은 오늘날의 희석식 소주가 탄생했죠. 이 법 덕분에 누구나 마실 수 있을 정도로 소주의 가격이 저렴해지기는 했습니다. 하지만 한국 술 하면 떠오르는 소주가 역사를 자랑할 수 있는 술인지는 되물어 봐야 할 것 같습니다. 더불어 오늘날 한국인들이 즐겨 마시는 소주가 앞으로 만들어 나갈 역사도 궁금하고요.

역사상 남녀 구분 없이
가장 사랑받은 장식물은?

半指

반지

전통 사회에서는 반지를 착용하는 남자들이 많았습니다.
실제로 신라 시대 유물 중에는 금, 은, 철제 등
다양한 재료로 만든 남자 반지와 여자 반지가 있죠.
반지를 끼는 풍습은 고려 시대까지 이어져 원나라에서도 유행했다고 합니다.

'반지' 하면 대개 프러포즈를 떠올립니다. 반지는 서로의 사랑을 확인하고 영원을 약속하며 나누는 상징물처럼 여겨지기 때문이죠. 반지가 원형인 데에도 그와 같은 상징적인 의미가 있다고 합니다. 시작과 끝이 없이 순환하는 원처럼 사랑이 영원할 것을 의미한다고 하네요.

물론 반지라고 해서 모두 영원한 사랑을 의미하는 것은 아니랍니다. 과거만 해도 결혼한 여성이나 남성뿐만 아니라 미혼 남녀가 반지를 끼는 일이 다반사였고 순수하게 치장을 위한 반지에서부터 신분을 드러내는 과시적 기능을 갖춘 반지까지 다양한 기능의 반지가 존재했죠. 고대 서양에서는 귀족이나 관리가 문서를 읽고 난 후에 자신의 반지 위에 조각된 인장을 봉인하듯이 꾹 눌러 반지를 도장처럼 사용하는 경우도 있었습니다. 이처럼 반지의 역사를 살펴보면 반지의 의미와 기능, 그 형태의 다양성 면에 그야말로 인류의 문화가 담겨 있는 듯합니다.

엄밀히 따지면 한 짝만 끼는 것이 반지랍니다. 쌍으로 끼는 것은 가락지로 구분해 불러야 하죠. 사극을 보다 보면 출연하는 배우들이 은이나 옥으로 만든 가락지를 끼고 있는 모습을 종종 볼 수 있습니다. 이는 출가한 여성이란 표식입니다. 반대로 출가하지 않은 여성들은 반지를 꼈지요. 또 앞에서 이야기했듯이 전통 사회에서는 미혼 남성들도 반지를 많이 착용했답니다.

한반도 역사에서 가장 반지를 애용한 시대는 신라 시대입니다. 황금의 나라라고 불릴 만큼 금제 장식을 선호한 신라 시대의 유물 중에는 금반지는 물론, 은반지나 철제 반지 등 다양한 반지들이 존재하죠. 고려 시대에도 반지를 끼는 풍습은 계속 이어졌는데, 이 풍습은 원나라에까지 퍼졌다고 합니다. 원나라로 끌려간 고려의 부녀자들 덕분이었죠. 그녀들은 원래 끼고 있던 반지 말고도 생이별을 하게 된 부모나 친구들과 정표로 가락지를 나누어 끼고 원나라로 떠났습니다. 그녀들의 영향으로 원나라에서는 반지를 포함해 고려의 음식, 의복 등이 유행하게 되었죠. 원나라 사람들은 이러한 풍속을 '고려양高麗樣'이라고 불렀답니다.

한반도의 반지 역사는 철기 시대까지 거슬러 올라갑니다. 그리고 지금까지 알려진 가장 오래된 반지는 평안남도 강서군 태성리 소재 토광묘에서 발굴된 은반지입니다. 물론 철기 시대 이전에도 반지는 존재했을 것입니다. 당시에는 반지를 어떤 재료로 만들었을까요? 조개껍데기로 만들었을까요? 아니면 꽃으로 만들었을까요? 어쩌면 꽃과 줄기를 동그랗게 말아 만든 꽃반지야말로 인간이 가장 오랫동안 끼어온 반지가 아닐까 합니다. 다만 그 꽃반지가 오늘날까지 전해지지 않아 알 수는 없지만요. 참고로 현재까지는 조선 시대의 반지 유물이 가장 많이 전해진답니다.

박물관에 전시되어 있는 옛 반지들을 하나하나 살펴보면 매우 다양한 장식과 무늬를 활용해 만들었다는 것을 알 수 있습니다. 아름다운 한국 전통 문양들이 반지에 새겨진 채로 남아 있죠. 최근에는 젊은 작가들에 의해 이러한 반지들이 현대적으로 변형되어 결혼반지로 새롭게 탄생하는 경우도 있다고 합니다. 다이아몬드나 루비같이 비싼 보석이 박힌 반지도 아름답지만 젊은 연인들이 나누어 끼는 소박하면서도 의미 있는 이런 반지도 아름답기는 마찬가지입니다. 반지가 비싸고 화려하다고 해서 사랑의 약속이 더욱 밝게 빛나는 것은 아니니까요.

설렁탕의 선농단 유래설은 근거 없는 이야기다?

空湯

설렁탕

소를 중요하게 여기는 조선에서
정말 백성들에게 먹일 소를 잡았을지는 의문입니다.
그래서 고깃국인 몽골 음식 슐루가 한반도에 전해지면서
설렁탕이 되었다는 설이 주목받고 있습니다.

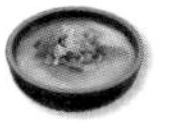 최근 방송되는 수많은 음식 프로그램들을 보면 공통적으로 설렁탕을 파는 식당 하나는 꼭 소개하곤 합니다. 설렁탕에 대한 맛과 그 역사는 물론, 국물이 얼만큼 진한지, 들어가는 고기는 얼만큼 익혔는지, 심지어 같이 먹는 김치가 얼만큼 숙성되었는지, 깍두기 국물을 넣을지 말지, 밥을 말아 먹을지 따로 먹을지, 말아 먹으면 언제 밥을 넣을지 등 설렁탕에 대한 다양한 이야기를 쏟아 내는 패널들을 보고 있으면 한국인의 설렁탕 사랑은 설렁탕론 또는 설렁탕학이라고 불러도 될 것 같습니다.

그런데 이 설렁탕이란 음식 이름을 둘러싼 논란은 좀처럼 가시지 않고 있습니다. 결론부터 말하자면 이 책에서도 정확한 답을 내릴 수는 없습니다. 그저 설렁탕의 유래에 관한 몇 가지 설만 소개하겠습니다.

첫 번째로 소개할 것은 웬만한 초등학생도 들어 본 적이 있는 이야기입니다. 바로 조선 시대의 선농단과 관련된 유래입니다. '선농단先農壇'은 글자 그대로 풍년을 기원하는 제사가 이루어지던 장소입니다. 이 제사가 끝난 후 제사에 쓰고 남은 고기를 끓여 왕이 백성들에게 하사했는데 그 음식이 바로 선농탕이지요. 그리고 이 선농탕에서 설렁탕이 유래했다고 전해집니다.

그런데 정설처럼 듣고 자란 이 이야기는 사실 정확한 관련 사료가 없거니와 현실성도 떨어집니다. 산업 사회 이전의 주요 생산업은 농업이었습니다. 도시에서 자란 사람들에게 농사는 텔레비전에 나오는 시골 풍경처럼 낭만이 있고 서정적으로 보일 수 있지만, 농사는 굉장한 인력과 가축의 힘을 필요로 하는 노동 집약적인 생산 활동입니다.

지금이야 경운기나 트랙터 같은 기계들이 보편화되어 예전에 비해 비교적 쉽게 일할 수 있지만 과거의 농사일은 인간과 가축의 근력이 핵심이었죠.

그런데 농사에서 가장 핵심적인 역할이라 할 수 있는 소를 과연 통째로 잡아 국을 끓여 먹었을까요? 물론 왕이 하사했다고 전제하더라도 현실적으로 이 제사에 참여했을 수십 또는 수백 명에게 선농탕을 먹일 양을 생각해 본다면 이 유래의 신빙성에는 더욱 의문이 갑니다. 물론 종묘 제례같이 왕이 참여하는 제사에는 엄청난 양의 고기와 음식 재료가 동원되기도 했다지만 이때도 설렁탕 같은 고깃국은 없었다고 합니다. 또 실제로 농사를 근본으로 삼은 조선 시대에는 소를 잡아먹지 못하게 하는 우금령을 내리기도 했죠.

그래서 제기된 것이 바로 설렁탕의 '설렁'이 몽골어 '슐루'에서 비롯되었다는 설입니다. 고깃국을 뜻하는 '공탕空湯'을 몽골어로 '슐루'라고 합니다. 몽골 사람들은 뼈를 통째로 넣고 끓인 음식을 이렇게 불렀는데 이 고깃국은 우리가 만들어 먹는 설렁탕과 요리 기법이 일치한다고 합니다. 맑은 고깃국과 뼈째 우려 우유빛을 띠는 슐루를 구분하는 것도 곰탕과 설렁탕을 구분하는 우리나라와 매우 유사하지요. 유목 민족인 몽골인들에게 고기는 가장 풍부한 음식 재료였습니다. 그리고 슐루 같은 요리는 조리 방식이 편하고 나누어 먹기 좋아 자주 해 먹는 음식이었죠. 몽골인들은 전쟁에 나가서도 자주 슐루를 만들어 먹었기 때문에 원나라가 고려를 침공하면서 슐루가 한반도에 전해졌다고 보는 것이 일반적입니다.

고려 시대는 한 끼 맛있고 배부르게 먹자고 소를 잡아먹는 어리석은 행동은 상상할 수 없던 농경 사회였고, 불교의 영향으로 대부분 육식을 하지 않았습니다. 하지만 원나라의 간섭 이후 육식 문화가 확산되면서 우리가 아는 형태의 고깃국이 점차 상 위로 올라온 것으로 보입니다. 물론 특별한 날이나 귀족 같은 일부 계층만 먹었겠지만요. 그러니 이제 알쏭달쏭한 설렁탕의 유래는 제쳐 두고 누구든지 쉽게 설렁탕 한 그릇을 먹을 수 있는 세상이 된 것에 감사해야겠습니다.

고려 시대에는 매가 사람의 음식을 빼앗아 먹었다?

시치미

시치미

고려의 충렬왕은 매사냥을 매우 좋아했습니다.
하지만 너무 많은 매를 키운 나머지 매의 먹이를 충당하기 위해
도성의 닭과 개를 쓸어 간 적도 있다고 하네요.
당연히 백성들의 불만은 날로 치솟았죠.

뉴스를 보면 결국 잘못이 다 드러날 텐데도 끝까지 안한 체하거나 모르는 체하는 사람들이 종종 나옵니다. 그럴 때면 정말 황당하고 화도 나죠. 이처럼 자기가 해놓은 일을 모른 척 부인할 때 '시치미를 뗀다.'고 말합니다. 그런데 시치미가 대체 뭘까요?

'시치미'는 원래 매사냥과 관련된 말이었습니다. 더 정확히는 매의 꽁지 속에 매어 두는 뿔로 된 표식을 가리키는 말이죠. 쉽게 말해 매의 이름표였답니다. 어떤 사람들은 시치미와 더불어 방울도 두어 개 달아 놓았다고 합니다. 그런데 과거에는 못된 마음을 먹고 이 시치미를 떼어 버리는 사람들이 많았다고 해요. 잘 훈련된 다른 사람의 매를 슬쩍 데려다 키울 생각으로 말이죠. 매사냥이 얼마나 인기가 많았으면 매 도둑까지 생겼을까요?

오늘날에는 매사냥 기술을 무형 문화재로 보호해야 하는 실정이지만 우리 선조들은 매사냥을 고급 스포츠로 즐기며 최고의 매사냥 기술을 자랑했다고 합니다. 매사냥의 역사는 수천 년을 거슬러 올라갑니다. 인류는 신석기 시대부터 매를 길들여 사냥하기 시작했습니다. 지금까지 남아 있는 벽화나 그림 등을 통해 그 흔적을 찾아볼 수 있는데, 고구려 시대의 벽화 고분인 안악 1호분에서도 매사냥하는 모습을 확인할 수 있죠. 이로 보아 삼국 시대에도 매사냥을 즐긴 것으로 보입니다.

매사냥을 연구하는 사람들은 고려 시대 충렬왕이 왕으로 있던 시절에 매사냥이 성행했다고 말합니다. 충렬왕은 매사냥을 너무도 좋아한 나머지 아예 정부 차원에서 매를 키우고 훈련시키는 응방 도감을

❖❖❖
쿠빌라이 칸은 원나라 제국을 수립한 제5대 칸입니다. 이 그림은 쿠빌라이 칸과 신하들의 사냥 모습을 남긴 작품으로, 하단의 파란색 옷을 입은 남자의 팔 위에 있는 매의 모습을 통해 당시의 매사냥 풍습에 대해 알 수 있습니다.

설치했습니다. 응방 도감에서 매를 돌보는 전문가들을 '응사鷹師'라고 불렀는데 여기서 '응鷹'은 매를 가리키는 한자어랍니다. 응방도감은 얼마나 많은 매를 키웠는지 궁중 내 매의 먹이가 부족해지자 도성 안에 있는 닭과 개를 모조리 쓸어 간 적도 있다고 합니다. 게다가 그렇게 사육한 매를 원나라에 공물로 바치기도 했으니 백성들의 불만이 계속 늘어날 수밖에 없었죠. 무엇보다 왕이 앞장서 매사냥에 빠지자 다른 귀족들과 신하들이 그 뒤를 따르면서, 매사냥은 국가적이면서도 사회적인 문제로 부각되기도 했습니다. 『조선왕조실록』에 따르면 이런 풍습은 조선 시대까지 이어져 조선 초에는 매사냥을 규제해야 한다는 목소리가 커졌다고 하네요.

사실 고려에서 매사냥이 성행한 데에는 원나라의 영향이 컸습니다. '시치미'라는 말 자체도 몽골어에서 왔습니다. 매의 한 종류인 송골매 역시 몽골어 '송고르'에서 파생되었고요. 실제로 세계에서 가장 큰 영토를 지배했던 쿠빌라이 칸이 가장 즐긴 취미가 바로 매사냥이었다고 합니다. 오늘날의 우리에게는 조금 의문이 드는 일인지도 모르지만 예전 사람들에게 매사냥은 최고의 스릴을 만끽할 수 있는 스포츠였답니다. 사냥을 나선 매의 비행 속도는 시속 300킬로미터에 이르는데 이는 수억 원이 넘는 슈퍼 카의 최고 속도와 맞먹는 속력이거든요. 여러분도 한번 상상해 보세요. 광활한 사냥터에서 수많은 병사들 사이로 매가 날아다니는 모습은 얼마나 장관이었을까요?

하지만 세상이 바뀌며 매사냥이 점차 자취를 감추고 있습니다. 2010년에는 매사냥을 보호하기 위해 인류 무형 문화유산으로 지정했을 정도랍니다. 흥미로운 것은 한국, 몽골, 프랑스, 헝가리, 시리아 등 11개 국가가 등재에 함께 참여했다는 사실이죠. 이제는 매가 무서운 속도로 하강하며 먹이를 낚아채는 모습을 쉽게 볼 수 없지만 인류 무형 문화유산으로 지정된 만큼 매사냥이 계속 이어지길 기대해 봅니다.

한반도가 대항해 시대에 식민지 전쟁에 휘말릴 뻔했다고?

胡椒

후추

후추는 고려 시대 동아시아 3국 간에 중요한 무역 물품이었습니다.
조선의 성종도 후추에 대해 깊은 관심을 가졌다고 하는데
만약 후추 재배에 성공했다면
한반도의 운명이 바뀌었을 수도 있겠네요.

우리가 '후추'라고 부르는 것은 원래 '호초胡椒'라는 한자어로 된 말입니다. 중국이 다른 나라를 오랑캐라고 부를 때 쓰는 '호胡'와 산초나무를 가리키는 '초椒'가 합쳐진 단어죠. 후추는 요즘 사람들에게 맛이 어떠한지 새삼 말할 필요가 없을 만큼 친숙한 향신료지만 그 기원을 조금만 공부해 보면 복잡하게 얽힌 세계사와 우리의 역사를 마주하게 된답니다.

후추 하면 대개 검은색 가루를 떠올리지만 후추는 원래 커피같이 나뭇가지에 붙어 자라는 지름 5~6밀리미터 정도의 작고 둥근 열매입니다. 이 열매를 찌고 말리면 검은색 알갱이 형태의 후추가 탄생하는데 몇몇 식당에서는 손님들 앞에서 이 알갱이를 직접 갈아 주기도 한다네요.

원산지가 인도 남부로 알려져 있는 후추는 고기의 누린내를 없애 주기 때문에 전 세계로 퍼져 나갔습니다. 특히 육식 위주로 식사하는 유럽에서는 인기 있는 향신료가 되어 무역 중개인들에게 엄청난 부를 안겨 주었죠. 이로 인해 대항해 시대가 열리고, 유럽 열강들이 신대륙을 발견하게 된 것을 보면 후추가 세계사를 움직였다고 해도 과언이 아닙니다. 우리에게는 그저 까맣고, 맛이 강해 콧속에라도 들어가면 재채기를 일으키는 향신료 후추. 하지만 이를 향한 과거 사람들의 열망과 열정이 무역로의 개척과 항해 기술 개발, 세계 무역의 증가 등 세계사의 흐름에 영향을 끼쳤다는 점에서 후추를 단순한 향신료로 봐서는 안 됩니다.

후추는 언제 한반도에 들어왔을까요? 문헌으로 확인되는 최초의 기

❖❖❖
1976년부터 시작된 인양 작업을 통해 당대의 생활상을 보여 주는 약 3만 점의 신안 해저 유물이 발견되었습니다. 그중 사진과 같은 청자가 가장 많은 비중을 차지하고 있답니다.

록은 고려 후기 문신인 이인로의 『파한집』에 있습니다. 이를 통해 고려와 송나라 간의 무역으로 후추가 유입되기 시작했다고 보고 있죠. 중국에는 송나라 이전에 이미 후추가 전래된 것으로 알려져 있는데 고대의 무역로로 잘 알려진 실크 로드를 통해 한나라 때부터 들어왔다고 합니다. 1970년대에 신안 앞바다에서 발굴된 배 한 척에서도 다량의 후추씨가 발견되었습니다. 이 배는 1323년에 원나라에서 출발해 고려를 거쳐 일본으로 가다가 좌초된 무역선이었습니다. 즉 당시 동아시아 3국 간의 무역에도 후추가 중요한 물품이었던 것이죠.

조선에서도 후추는 귀한 대접을 받았습니다. 향신료로 쓰였을 뿐만 아니라 약재로도 매우 비싼 값에 거래되었죠. 후추와 가장 관련이 깊은 조선의 왕은 성종으로, 귀하고 비싼 값에 거래되던 후추를 한반도로 들여오기 위해 상당한 노력을 기울였다고 합니다. 국내 소비는 물론, 국제 무역에도 큰 도움이 됐을 후추를 재배하는 데 임금이 관심을 가진 것은 당연한 일이었을 겁니다. 성종은 국내에서 재배할 목적으로 후추 씨앗을 얻기 위해 모든 외교 통로를 동원하기도 했습니다. 이에 일본은 후추에 대한 성종의 관심을 이용해 후추와 조선의 대장경을 맞바꾸려고 했다고 해요. 하지만 후추의 국내 재배가 어렵다는 것을 확인한 데다, 밀무역으로 인한 폐해가 늘어나자 성종은 후추에 대한 관심을 접고 말았죠.

막대한 부를 낳는 후추가 국내에서 재배될 수 없었다는 사실이 안타깝습니다. 하지만 향신료 공급을 확보하기 위한 서구 열강의 팽창주의가 동남아의 후추 생산국들을 식민지화한 것을 돌이켜 보면 다행이지 않았나 싶습니다.

조선은 성리학을 기반으로 통치 체제를 정비하고 유교 국가로 거듭납니다. '퇴짜'가 유래한 세금 제도, 조선 팔도에 하나씩 '영문'을 설치한 지방 행정 제도, '난장판'이라는 말이 나온 과거 제도 등이 체계화되었지요.

3.
성리학을 통치 이념으로 삼은 조선의 탄생과 체제 정비

이판사판_理判事判

퇴짜_退-

영문을 모르다_營門

패거리_牌+거리

거덜 나다_거덜

참_站

난장판_亂場-

공부_工夫

전하_-下

흥청망청_興淸亡淸

질서를 추구하는 불교에서
이판사판이라는 말이 나온 이유는?

理判事判

이판사판

유교 국가인 조선이 세워지자 승려들은 그동안의 특권을 모두 박탈당하고 말았습니다. 이런 상황에서 수행에만 전념하는 승려를 이판승, 사찰 살림을 꾸리는 승려를 사판승이라고 했는데 이들 덕분에 불교는 오늘날까지 명맥을 유지할 수 있었답니다.

"이판사판이야, 어디 하는 데까지 해보자." 중간고사 전날, 각오를 다지며 이런 혼잣말을 한 적 있나요? 보통 사람들은 돌아갈 수 없는 막다른 골목에 닿으면 이런 마음이 들곤 합니다. 또 경기 종료 마지막 1분을 남기고 예선 탈락의 기로에서 골키퍼까지 골대를 비우고 공격에 나선다면 그 순간이 바로 이판사판이죠. 이때 골이라도 들어가면 그야말로 감격적인 순간이 연출됩니다.

이렇듯 '이판사판'은 궁지에 몰렸지만 피할 수 없는 최악의 갈등 상황을 가리키는 말입니다. 한마디로 죽느냐, 사느냐 하는 기로에 선 순간이죠. '이판사판'은 불교에서 나온 말로 얼핏 생각하면 모순처럼 들립니다. 참선을 통한 마음의 평화를 중시하는 불교에서 어떻게 갈 때까지 가보자는 식으로 생각했을까요?

이판사판은 '이판理判'과 '사판事判'이라는 두 낱말을 합친 말입니다. 불교가 조선에서 명맥을 이어 온 내력을 들여다보면 그 뜻을 쉽게 이해할 수 있답니다. 조선이 유교를 나라의 근본으로 삼으면서 불교는 엄청난 억압을 받았습니다. 승려들은 더 이상 수도인 한양에 들어오지 못하고 천민처럼 잡역에 동원되는 등 그동안의 특권을 모두 박탈당하고 말았죠. 불교 국가이자 왕을 보필하는 국사라는 직위까지 오른 승려가 있던 고려와 비교하면 하늘과 땅이 뒤바뀐 셈이었습니다.

억압받으며 명맥만 이어 가는 와중에도 경전을 읽고 참선하며 염불하는 등 수행에만 전념하는 스님들이 있었는데 이들이 바로 이판승입니다. 하지만 스님들도 수행을 하기 위해서는 먹어야 하고, 누군가는 사찰의 살림을 꾸려야 했습니다. 속된 말로 '염불만 외면 밥이 나오나.'

라는 말도 있잖아요? 이를 담당한 사람들이 바로 사판승이랍니다. 이들 덕분에 어려운 상황에서도 불교는 명맥을 유지할 수 있었고, 오늘날까지 한반도에서 큰 문화적 요소로 자리 잡을 수 있었습니다. 그런데 같은 스님인데 누구는 따뜻한 방 안에 들어앉아 불경이나 읽고, 누구는 방에 불을 때고 물을 긷는 등 온갖 잡일을 도맡아 절 살림을 꾸려야 했다니 만약 여러분이 당시의 사판승이었다면 이판사판 대들지 않았을까요?

불교가 한반도 문화에 끼친 커다란 영향력은 다른 단어들을 통해서도 확인할 수 있습니다. '큰 혼란에 빠진 상태'를 일컫는 '아수라장'의 '아수라'는 한자로 '阿修羅'라고 씁니다. 아무 뜻도 없는 한자어로, 단지 인도어의 소리를 한자로 표현한 것일 뿐이랍니다. 실제로 선조들은 외국어를 소리 나는 대로 한자로 옮기곤 했는데, 영어 이름 마리아를 '馬里兒'로 옮기기도 했답니다. '아수라'의 정확한 의미를 말하자면 아수라는 고대 인도 신화에 등장하는 신입니다. 특이하게도 원래는 선한 신이었으나 어느 순간부터 악신이자 전쟁의 신으로 탈바꿈해 그 형상 역시 얼굴이 셋, 팔이 여섯인 괴물로 그려졌다고 하네요.

아수라는 불교가 등장하면서 불교 신화로 포섭되었습니다. 마치 한국 불교가 불교와 전혀 관련이 없던 산신을 포섭한 것처럼요. 아수라는 불교 신화에서 부처님의 가르침인 불법을 지키는 장군으로 등장합니다. 나쁜 신이었지만 부처님의 가르침을 받고 감화되어 자신의 괴력을 좋은 일에 쓰는 선한 신이 된 것이죠. 지금도 경주 석굴암에 가면

❖❖❖
영산재는 부처님의 세계를 표현하는 의식으로, 매년 서울의 봉원사에서 치러지고 있습니다.

팔부중상*을 통해 그 흔적을 확인할 수 있습니다.

'많은 사람들이 모여들어 떠들썩하고 부산스럽게 굶'을 뜻하는 '야단법석' 역시 불교에서 비롯된 말입니다. 야단법석은 '야외에 세운 단'을 뜻하는 '야단野壇'과 '설법을 행하는 자리'를 뜻하는 '법석法席'이 합쳐진 단어입니다. 말 그대로 야외에 단을 세우고 자리를 만드는 불교 행사, 즉 영산재와 관련이 있는 단어랍니다.

영산재는 한국의 중요 무형 문화재 중 하나로 2009년에는 유네스코 세계 무형 유산에 지정될 만큼 세계적으로 가치 있는 불교 의례랍니다. 부처님이 수많은 사람들을 앞에 두고 진리를 가르친 것을 기념하며 모든 영혼의 극락왕생을 비는 가장 크고 중요한 불교 행사 중 하나죠. '야외에 단을 세우고 자리를 만들기'라고 하면 쉽게 들리겠지만

* 불법을 지키는 8명의 신(천룡팔부)의 조각상. 천, 용, 야차, 아수라, 건달바, 긴나라, 가루라, 마후라가가 새겨져 있다.

영산재는 자리를 만드는 것뿐만 아니라 높이 10미터가 넘는 그림, 오색 천으로 만든 장식, 갖가지 종이꽃 등 장엄이라고 불리는 장식품들로 단을 힘껏 꾸미기 때문에 여간 큰일이 아니랍니다. 심지어 3일 동안 수천 명의 사람들이 모여 치르는 큰 행사죠. 야단법석을 떨어야 하는 것이 당연해 보입니다.

영산재는 지금도 1년에 한 번씩 열리고 있습니다. 불교의 가르침과 음악, 노래, 춤 등이 아름답게 어우러지며 펼쳐지는 이 영산재를 보고 있으면 마치 종교 예술의 최고 경지를 감상하는 듯한 느낌이 듭니다. 여러분도 1000년 이상 이어져 온 이 세계 유산을 언젠가 꼭 직접 볼 수 있기를 기원해 봅니다.

min +1분 한국사

이사직은 살림을 하는 자리다?

홍미롭게도 '이판사판'이라는 말은 오늘날의 직장인들과도 연관이 있답니다. 회사의 고위급 임원 직위 중 하나인 이사가 '이판사판'의 '이理'와 '사事'가 결합해 만들어진 용어거든요. 글자만이 아니라 그 의미에도 이판과 사판의 의미가 합쳐져 있죠. 생각해 보면 절뿐만 아니라 회사나 학교, 교회 등 어디에나 이판승과 사판승의 역할을 하는 사람이 필요합니다. 학교에서 학생이 공부하는 동안 뒤에서 남모르게 살림하는 사람들이 없으면 그 학교는 어떻게 될까요?

또 매일매일 쓰레기를 치우고 건물을 수리하는 사람 없이 오래 유지될 수 있는 조직은 어디에도 없답니다. 이런 의미에서 '이사'는 글자 그대로 회사의 이와 사를 두루 아우르고 책임지는 자리라고 할 수 있습니다.

순우리말 같은 '살림'도 불교와 관련이 깊답니다. '살림'은 '산림山林'에서 나온 말입니다. 우리나라의 사찰은 대개 산속 또는 숲속에 있어서 사찰의 터전인 산림을 유지하고 관리하는 것은 사찰을 꾸려나가는 데 중요한 일이었습니다. 그래서 산림이 곧 살림이라는 말로 바뀌고 오늘날과 같은 의미로 쓰이게 된 것입니다. 어쩌면 밥을 짓고 청소하고 빨래하는 집안일이 사람을 살리는 일이기 때문에 살림이라고 부르는지도 모르겠습니다.

조선 시대에는 백성들이
두려워하는 도장이 있었다?

退-

퇴짜

조선 시대에는 백성들이 세금으로 물품을 내면
관리들이 꼼꼼하게 살펴보고 등급을 매겼습니다.
이때 물품에 '退'가 찍히면 백성들은 괴로울 수밖에 없었는데요.
물건을 모두 새로 만들어 다시 올려야 했기 때문입니다.

마음에 드는 상대방에게 만나고 싶다는 의미로 연락처를 물었는데 거절을 당했을 때 상대방은 퇴짜를 놓았고 본인은 퇴짜를 맞았다고 표현할 수 있습니다. 이때 퇴짜를 맞은 사람은 기분이 나쁘겠지만 받아들여야 합니다. 이성 관계에서 퇴짜를 맞는 것은 어찌 보면 자연스러운 일일 뿐만 아니라 앞으로도 얼마든지 일어날 수 있는 일이거든요. 사실 퇴짜를 맞아서는 안 되는 상황은 따로 있죠.

조선 시대 초기에는 중앙 통치 기구가 의정부와 6조를 중심으로 이뤄져 있었습니다. 영의정, 좌의정, 우의정 삼정승이 의정부에서 국정을 협의하고 정사를 총괄하면 이조, 호조, 예조, 병조, 형조, 공조와 그 아래의 관청이 실질적인 행정 업무를 도맡는 체제였죠. 이 중 호조는 나라의 살림살이를 책임지는 매우 중요한 관아였습니다. 화폐 경제가 지금처럼 발달하지 못했던 당시에는 세금의 상당수를 물품으로 거두었는데, 이를 관리하면서 감독하고 판정하는 일을 호조에서 했거든요.

오늘날 경매장에서 고기의 등급을 판정하고 도장을 찍듯이 전국 각지에서 특산품과 공물을 올리면 판적사라는 호조 관리들은 그것들을 꼼꼼하게 살펴보고 등급을 매겼습니다. 이때 품질이 낮은 공물에는 '退(물러날 퇴)'라는 글자를 찍었는데, 이는 상품을 모두 물리고 다시 올리라는 뜻이었지요. 그것은 보통 일이 아니었습니다. 한 해 동안 지은 농작물이나 오랜 시간에 걸쳐 제작한 수공예품을 하루아침에 다시 만들어 낼 수는 없었기 때문입니다. 여기에서 글자 그대로 '물러가라'는 뜻의 '퇴자를 놓다.'라는 말이 생겨났고, 오늘날에는 '퇴짜 놓다.'라는 말로 바뀌어 사용되고 있습니다.

공물에 등급을 매기고 관리하는 일이 조선 시대에 처음 이루어졌을 리는 없습니다. 삼국 시대에서부터 고려 시대에 이르기까지 공납, 공물 등에 퇴짜를 놓는 체제는 엄연히 존재했을 것입니다. 반대로 합격 판정을 받은 경우는 뭐라고 했을까요? 문득 궁금해지네요.

조선 팔도에는 아무도 알면
안 되는 문이 하나씩 있었다?

營門

영문을 모르다

조선 시대에는 각각의 지방을 책임지는 최고 통치자가
근무하는 곳을 감영이라고 했습니다.
그런데 이 지체 높은 통치자가 드나드는 감영의 문은
감영에서 일하는 관리들도 모르게 열고 닫았다고 하네요.

"도대체 무슨 일인지 영문을 모르겠네." 여기서 영문은 정확히 무슨 뜻일까요? 저는 고등학생 때까지 '영문'을 '영어로 쓴 글'로 알고 있었답니다. 1970~80년대에는 영어를 공부하는 것이 어렵기도 했지만 영어를 배울 기회도 흔하지 않았습니다. 그렇다 보니 저처럼 '영문도 모른다.'는 말이 영어로 된 문장이나 말을 모른다는 뜻에서 유래했다고 생각하는 사람들도 있었죠.

사실 '영문'은 감영의 문, 그러니까 옛날 관청의 문 중에서도 최고 관리가 드나들던 문이라고 합니다. '감영'은 '볼 감監'에 '경영할 영營' 을 붙여 '監營'이라고 쓰는데, 종2품의 높은 품계를 가진 감사가 근무하는 관청이었습니다. 평양 감사나 경상도 관찰사라는 말을 들어 본 적이 있죠?

감사는 나중에 관찰사라는 호칭으로 바뀌는데 당시 해당 지역을 책임지는 최고 통치자라고 해도 과언이 아니었습니다. 일반 행정은 물론, 지방 수령의 근무 감독이나 세금 관리, 형벌 매기기, 지역 풍속 다스리기 등 지역 전반을 관리했거든요. 군사 지휘권도 가지고 있었기 때문에 감영은 군영과 병영을 겸하고 있었습니다. 참고로 당시 죄를 지은 사람들이 갇히는 곳이 감영 내의 옥사였는데 여기에서 감옥이라는 이름도 유래한 것이랍니다. 이런 관찰사는 임기가 2년으로 짧은 편이었고 상피제라는 제도에 따라 자신의 출신 지역 관찰사로는 임명될 수 없었지요.

이렇듯 지체 높은 관찰사가 드나드는 문은 일반인은 물론, 하급 관리들도 함부로 이용할 수 없었습니다. 또한 경호 때문에 문이 언제 열리고 닫히는지 아무도 알 수가 없었고 또 알아서도 안 됐습니다. 바로 여기서 '영문을 모르다.'라는 말이 비롯되었답니다. 관찰사가 드나드는 감영의 문에 대해 아무도 알 수 없다는 뜻으로 말이죠.

감영은 조선 8도에 하나씩 있었는데, 경기도 감영은 서울에, 전라도 감영은 전주에, 강원도 감영은 원주에, 평안도 감영은 평양에 자리 잡고 있었습니다. 앞서 말한 대로 감영에는 지역 최고의 통치자인 관찰사와 관찰사의 명에 의해 행정, 농정, 조세, 군사, 훈련, 재판, 민원 등을 처리하는 많은 인력들이 배치되어 있었습니다. 또 그들의 수발을 들 수백 명의 노비들도 상주하고 있었고요. 이 모든 인원을 수용하면서 임금으로부터 부여받은 관찰사의 권위를 드러내려면 감영의 크기와 규모가 얼마나 컸을지 짐작이 가나요?

조선 시대 최고의 지방 관청이었던 감영은 15세기부터 시작해 1895년 갑오개혁 이전까지 유지되다가 1910년 일제에 의한 강제 병합으로 사라지고 말았습니다. 더불어 감영지 역시 자취를 감추게 되지요. 대부분의 감영지는 현재 발굴 작업과 함께 복원 중에 있습니다. 그리고 현재 남아 있는 감영 유적으로는 원주에 있는 강원도 감영이 돌아볼 만합니다.

각 도의 행정을 맡은 관찰사는 봄과 가을이면 감영 밖으로 나와 자신이 맡은 지역을 순시하며 살폈습니다. 조선 시대에는 이를 '순력'이라고 불렀는데, 당시 관리들에게 민생의 현장을 직접 방문하는 일은 매우 중요했습니다. 그래야만 관찰사직을 원만히 수행할 수 있었고 관찰사직에서 물러날 때 백성들이 선정비를 세워 줬거든요. 그리고

예전에는 강원도를 관동이라고 불렀습니다.
그래서 강원도를 관할하는 관찰사를 관동 관찰사라고 불렀지요.
현재 관동 감영은 임진왜란 이후 최근까지 수차례에 걸쳐 복원되고 있습니다.
정문인 포정루와 중삼문, 내삼문을 통과하면 관찰사의 집무실인
선화당에 이릅니다. 중삼문에는 관동 관찰사 영문이라고 쓰인 편액이
걸려 있는데, 여기서 우리는 영문의 기원을 확인할 수 있습니다.

그렇게 세워진 감영 앞 선정비는 신임 관찰사에게 앞으로 잘하라는 일종의 경고였을 것입니다.

+1분 한국사

종이로도 사람을 죽일 수 있다?

'도무지 모르겠다.'라는 말은 아무리 애써 봐도 알 도리가 없다는 뜻입니다. 그런데 '도무지'라는 말이 어디서 유래했는지 알게 된다면 소름이 끼칠 겁니다. 도무지의 어원은 '도모지塗貌紙'로, 이는 얼굴에 물을 뿌려 가며 한지를 한 장씩 덮어 질식사시키는 형벌입니다. 흰 종이에 물을 뿌려 죽인다고 해서 다른 말로 백지사白紙死라고도 하죠. 어떻게 이런 참혹한 형벌에서 유래했는지 의아하기는 하지만 그만큼 어찌할 도리가 없는 상태를 강조하다 보니 이런 말도 쓰인 것이 아닐까요?

말이 나온 김에 옛 형벌에 대해 조금 더 알아볼게요. 사극을 보면 반역을 꾀하거나 그에 준하는 죄를 지은 사람에게 가장 참혹한 형벌로 '능지처참'을 내리곤 합니다. 이는 사람의 팔다리를 절단한 뒤에 목을 치고 그 시체를 절단해 곳곳에 내거는 형벌입니다. 모반을 꾀하면 어떻게 되는지 보여 주는 가장 무서운 경고인 셈이지요.

우리에게 가장 익숙한 형벌은 바로 장형입니다. 사또가 "저 놈을 매우 쳐라."라고 외치면 형졸들이 십자로 된 나무판 위에 누워 있는 죄인을 몽둥이로 내리치는 형벌이지요. 이때 죄의 경중에 따라 쓰이는 몽둥이의 크기와 무게가 다르답니다. 엄밀히 말하면 회초리 같은 가벼운 몽둥이로 내리치면 태형, 굵은 몽둥이로 내리치면 장형이에요. 그리고 사람이 목숨을 잃을 정도로 크고 무거운 널빤지를 사용하면 곤장이라고 했죠.

한편 사약을 내리는 형벌인 '사사賜死'는 '죽을 수 있는 은혜를 베푼다.'라는 한자 그대로의 뜻처럼 다른 형벌에 비해 덜 잔인합니다. 대개 왕족이나 고관대작 등 고위직에 있던 사람들이 자살할 수 있게 배려해 준 형벌이죠.

마지막으로 살필 것은 '전도 주뢰' 혹은 '가새주리'로 불리던 형벌입니다. 양다리를 묶고 다리 사이에 긴 몽둥이를 끼워 좌우로 벌리는 고문식의 형벌이죠. 여기서 '주리를 튼다.'라는 말이 유래했답니다.

근대 이전에는 이밖에도 놀라울 정도로 다양하고 참혹한 형벌들이 많았습니다. 하지만 오늘날에는 곤장 같은 기구도 없어졌고 고문도 허용되지 않습니다. 19세기 말 개화기 이후부터 인권 신장을 위한 목소리가 높아진 덕분이죠.

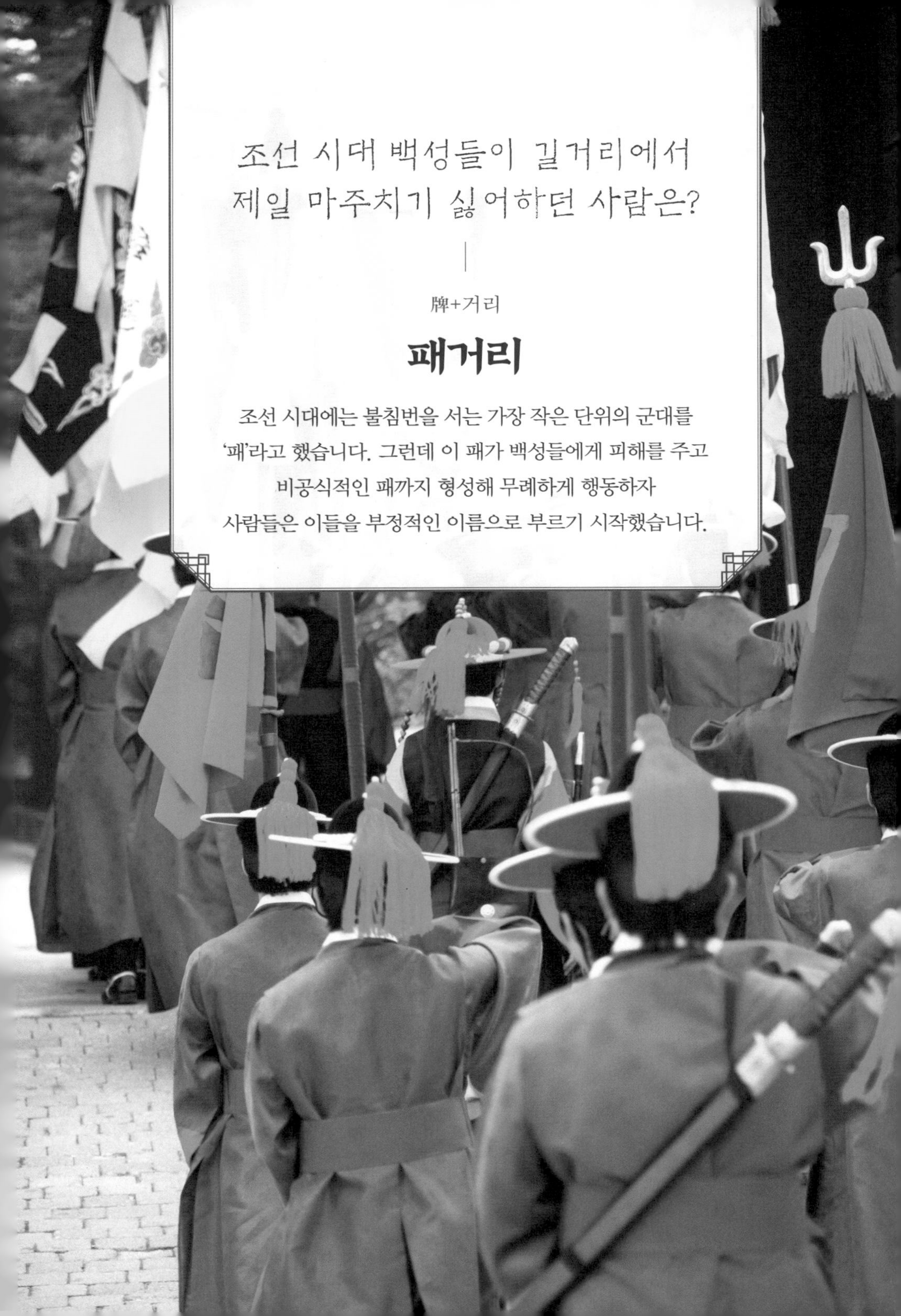

조선 시대 백성들이 길거리에서
제일 마주치기 싫어하던 사람은?

牌+거리

패거리

조선 시대에는 불침번을 서는 가장 작은 단위의 군대를 '패'라고 했습니다. 그런데 이 패가 백성들에게 피해를 주고 비공식적인 패까지 형성해 무례하게 행동하자 사람들은 이들을 부정적인 이름으로 부르기 시작했습니다.

'패거리' 하면 깡패의 '패' 자가 들어가 있어서인지 무척 기분 나쁘게 들립니다. 하지만 이 말이 어디서부터 왔는지 안다면 그렇게 기분 나빠 할 필요는 없을 듯합니다. 조선 시대의 궁궐 경비, 군사 조직과 관련된 말이거든요.

'패牌'는 원래 궁궐이나 관청의 경비를 위해 짠 한 무리를 지칭하는 말이었습니다. 다른 말로 '번番'이라고도 했는데 우리가 흔히 쓰는 '불침번'이나 '당번'이라는 말을 생각해 보면 쉽게 이해할 수 있습니다. 즉 '패'는 번을 서는 한 무리로, 군대 편성으로 보면 가장 작은 단위라고 정의할 수 있죠.

그런데 패는 어쩌다가 오늘날의 패거리가 되었을까요? 정확한 자료는 없지만 아마 당시 순찰을 돌고 경비를 맡은 몇몇 패들이 백성들에게 피해를 주기 시작한 것이 발단이 아닐까 싶습니다. 급기야 비공식적인 패까지 형성해 길 여기저기를 쏘다니며 무례하게 행동하자 이를 두고 '길'을 의미하는 '거리'와 패를 합쳐 패거리라고 부른 것이죠.

조선 시대의 순찰과 경비에 대해 좀 더 살펴볼까요? 조선의 군사 조직은 중앙군과 지방군으로 나뉘어 있었습니다. 중앙군은 궁궐과 한성을 수비하는 5위로 구성되어 있었는데 중앙군이 맡은 궁궐 경비는 국경을 경비하는 것 이상으로 중요한 일이었습니다. 오늘날에도 대통령의 집무실과 사저가 있는 청와대 내부 모습이나 구체적인 경호 지침에 대해서는 사람들에게 잘 알려져 있지 않잖아요? 예나 지금이나 가장 깊숙한 권력의 심장부는 철저히 비밀에 부쳐진 영역이기 때문입니다.

조선 시대 궁궐 경비가 어떻게 이루어졌는지 살펴볼 수 있는 흥미로운 자료는 거의 남아 있지 않습니다. 그나마 자세하게 기록된 자료로는 1808년에 편찬된 『만기요람』이 있죠. 순조의 명으로 서영보, 심상보 등이 집필한 이 책은 엄격한 통제와 비밀이 생명인 왕실의 군정뿐 아니라 재정까지도 세밀히 기록하고 있습니다. 『만기요람』에 따르면 임금과 궐내 왕실 가족 그리고 궁궐에 대한 경비는 매우 체계적으로 고안된 체제에 의해 운용되었습니다. 먼저 궁궐의 가장 바깥쪽인 궐문과 담 주변은 요즘에도 고궁 등에서 종종 볼 수 있는 수문장들이 지켰습니다. 원래는 중앙군 5위의 호군이 지켰으나 조선의 제8대 왕인 예종이 별도의 관리직인 수문장을 두면서 바뀌었죠. 하지만 수문장은 무력으로 궁궐을 지킨다기보다 궐문의 개폐를 담당하는 역할에 가까웠답니다. 궁궐과 외부를 경계 짓는 담장을 실질적으로 지키는 일은 조선 시대의 세 군영인 훈련도감, 금위영, 어영청이 도맡았습니다. 그리고 궐 안쪽은 5위의 네 위장과 군사들이 담당했지요.

궐내 주요 기관들은 병조의 기병과 군관들이 지켰습니다. 그리고 왕은 자신의 친위군인 금군으로부터 보호를 받았지요. 금군은 후에 왕권이 강화되면서 군영으로 발족돼 내삼청이 되었는데, 이는 조선의 제18대 왕인 현종 때 금군청으로 이름이 바뀌어 불리기도 했습니다. 그러다 제21대 왕인 영조 때 또다시 용호영으로 이름이 바뀌었죠. 이들은 왕의 침전을 비롯해 왕족들의 주요 거처를 철저하게 경호했는데 『만기요람』에 각 부대별로 어떤 역할을 맡았고, 순찰 일정은 어떠했는지 자세하게 기록되어 있습니다.

◇◇◇
종묘와 창덕궁을 잇는 돌담길을 '순라길'이라고 부릅니다. 조선 시대에 야간 순찰을 담당했던 순라청이 근처에 있었기 때문이죠. 이 길은 현재 동순라길과 서순라길로 나뉘어 걷기 좋게 조성되어 있답니다.

또한 한쪽 방향으로만 순찰을 돌면 생기는 허점을 막기 위해 궁궐 내부를 순찰하는 경우 두 개의 부대를 동시에 대각선 반대편에서 출발하게 했다는 기록도 남아 있죠. 이외에도 순찰에 동원된 자세한 군사의 수나 각 지역별로 세분화된 부대의 역할, 낮에 비해 가시거리가 떨어지는 야간에는 별도의 순찰 체제를 운영한 점으로 보아 당시 경호 체제는 매우 치밀했던 것으로 보입니다.

한편 궁궐 외곽 역시 도둑이나 화재를 예방하기 위해 끊임없이 순찰하게 했는데, 이를 '순라'라고 했습니다. 따로 분리된 구역을 별도로 순찰하는 군인들은 '별순라'라고 했지요. 현재 종묘 담장을 따라 이어지는 길이 바로 당시 별순라들이 돌던 순라길이랍니다. 참고로 술래잡기라는 놀이의 이름 역시 순라에서 파생된 말이랍니다.

조선 시대에는 말똥을 치우는 관직이 있었다?

거덜

거덜 나다

조선 시대의 거덜이라는 하급 관직이 주로 하던 일은 말에게 먹이를 주거나 말똥을 치우는 일이었습니다. 그런 이들이 임금이나 고관대작들이 행차할 때면 앞서서 소리를 크게 지르곤 했지요.

혹시 '텅장'이라는 말을 들어 본 적 있나요? 텅텅 빈 통장을 표현하는 신조어로 '속이 비어서 아무것도 없는 모양'을 뜻하는 부사인 '텅텅'과 '통장'을 결합시켜 '재산이나 밑천이 바닥나다.'라는 의미로 쓰입니다. 하지만 예전에는 같은 의미로 '거덜 나다.'라는 말을 흔하게 썼답니다. 그렇다면 거덜 났다는 말은 언제부터 사용한 표현일까요?

기차와 자동차가 없던 조선 시대에 말은 없어서는 안 되는 동물이었습니다. 일상생활에서는 매우 중요한 교통수단이자, 전시에는 전쟁수단으로 활용되기 때문이었죠. 그래서 조선은 국가적으로 말을 키우고 관리하는 '사복시'라는 관청을 만들었는데 사실 사복시와 비슷한 역할을 하는 관청은 고려 시대부터 있었답니다. 다만 조선 시대에 들어 이것이 전국적으로 조직화되었을 뿐이죠.

사복시에는 '거덜'이라는 하급 관직이 있었습니다. 이들이 평소에 하는 일은 단순했습니다. 말에게 먹이를 주거나 말똥을 치우는 일을 담당했지요. 이런 거덜들이 특별하게 소리를 낼 때가 있었는데, 바로 왕이나 고관대작들이 행차할 때였습니다. 거덜들은 행차하는 주인공의 권위를 등에 업고 앞서서 소리를 지르거나 허세를 부리며 몸을 과장되게 앞뒤 좌우로 흔들며 길을 텄지요. 그 모양새를 두고 '거덜 거리다.'라고 한 것이 오늘날 '거들먹거리다'라는 말로 이어졌습니다. 벌써 눈치챘겠지만 거만한 태도를 지칭하는 '거드름'이라는 말도 거덜에서 유래했답니다. 그리고 '거덜 나다.'는 거덜이 앞뒤 좌우로 몸을 흔드느라 온몸에서 힘이 빠져 기반이 흔들리는 상태와 같이 된 모양에서 착

안해 오늘날과 같은 의미로 사용하게 되었죠.

이외에도 거덜과 관련된 재미있는 이야기가 참 많답니다. 서울에는 거덜과 관련된 길이 있습니다. 바로 피맛골이죠. 이름만 들으면 생소할 수도 있는 이곳은 찾아가기도 어렵습니다. 길 주변에 고층 빌딩이 많이 들어서면서 초라한 골목으로 전락하고 말았거든요. 하지만 여전히 수많은 사람들이 이 피맛골을 걷고 있답니다. 어떻게 알고 찾아가기도 어려운 곳을 걷고 있냐고요? 그것은 바로 피맛골이 서울의 한복판인 종로에 있기 때문이죠. 피맛골의 이름만 들으면 선지 해장국에 소피를 넣듯이 무슨 피를 넣어 맛을 내는 음식점 골목인가 생각할 수도 있지만 사실은 말을 피한다는 뜻이랍니다. 조선 시대에는 수많은 관리들이 종로 대로로 행차했습니다. 민중들은 이 꼴이 보기 싫어 피맛골로 숨어들고는 했죠. 안 그래도 보기 싫은 고관대작의 행차인데 거덜이 소리까지 지르며 길바닥에 고개를 숙이라고 하니, 오죽하면 피맛골을 형성했을까 하는 생각이 듭니다.

한편 조선 개국의 일등 공신인 삼봉 정도전도 어떤 측면에서 보면 말과 관련이 있다고 할 수 있습니다. 정도전은 조선이 개국하는 데 태조 이성계만큼 큰 기여를 한 인물입니다. 조선이 개국된 후에도 개경에서 한양으로의 천도, 경복궁 건축, 수도 건설 공사, 정치 체제 정비 등의 임무를 수행하며 조선 왕조의 설계자로서 활약했죠.

그런데 막강한 권력을 자랑하던 정도전이 신권 정치를 이상으로 여기면서 왕권 세력으로부터 견제를 받기 시작했습니다. 게다가 왕자의 난 등 권력 투쟁에 휘말리면서 이성계의 아들이자 후에 태종으로 등

극하는 이방원과 갈등을 겪게 되지요. 결국 이방원은 자객을 보내 정도전을 죽이고 급기야 지금의 종로구청 인근에 있던 그의 집터까지 말과 말똥이 구르는 사복시로 만들어 버렸습니다. 그렇게 조선이라는 500년 역사를 자랑하는 나라를 세우는 데 일조한 그의 흔적은 하루아침에 사라지고 말았죠. 마치 오늘날 그 흔적이 희미해지고 있는 피맛골처럼 말이에요.

min +1분 한국사

왜 선거를 목숨이 걸린 전쟁에 자주 비유할까?

'말'과 관련된 또 다른 말로 '출마出馬'가 있습니다. 거창한 뜻이 숨어 있는 것처럼 들리지만 출마의 뜻을 글자 그대로 해석하면 '말을 타고 나가는 것'입니다. 원래 이 표현은 전쟁터에 나간다는 뜻으로 사용되기 시작했습니다. 죽고 사는 문제가 달린 전쟁터에 나가는 일인 만큼, 출마는 각오를 다져야 하는 일이었죠. 출마는 오늘날 정치와 관련해 선거에 입후보하는 것을 의미합니다. 당선되느냐 떨어지느냐가 달린 전쟁 같은 선거와 잘 맞는 표현이라고 할 수 있습니다.

'하마평下馬評' 역시 말과 관련된 유래를 가지고 있습니다. 하마평은 인사이동에서 누가 승진하고, 좌천하는지에 대해 떠도는 소문을 말합니다. 하마평의 어원은 '하마비下馬碑'로, 조선 시대 종묘 및 궐문 앞에 세워 놓은 비석이었습니다. 여기서부터는 누구든지 말 또는 가마에서 내려 걸어가라는 표식이었지요. 이 하마비 앞에 관리들이 말을 매어 두고 볼일을 보러 가면 말을 끌고 온 마부들은 자신들이 모시는 주인의 앞날은 물론, 다른 사람의 등용이나 해임 등에 관한 인사에 대해서 이러쿵저러쿵 이야기를 나눴다고 합니다. 이렇게 하마비 앞에서 요즘 가장 관심 있는 이야기들을 교환한 데서 하마평이라는 단어가 생겨났죠.

스마트폰이 없던 시절
가장 빠른 연락 수단은 무엇이었을까?

站

참

조선 시대에는 급한 문서를 전달할 때 말을 이용했습니다.
하지만 말 한 마리가 쉬지 않고 달릴 수 있는 거리는
제한되어 있었기 때문에 말이 오가는 거리를 일정한 간격으로 나눠
말을 바꾸고 사람이 잠시 쉬어갈 수 있는 숙소를 마련했답니다.

여러 가지 일을 하거나 시험공부를 하느라 늦은 시간까지 집중하다 보면 어느새 배 속은 비어 갑니다. 그러다가 야식의 유혹을 이기지 못하고 음식을 차려 먹게 되죠. 야식夜食은 글자 그대로 '밤에 먹는 음식'을 뜻합니다. 똑같은 뜻을 가진 순우리말로는 '밤참'이 있습니다. 그런데 왜 밤에 먹는 음식을 뜻하는 말에 '참'이라는 말을 썼을까요? 사실 우리말에는 참이 들어가는 경우가 적지 않습니다. 사이사이에 먹는 가벼운 음식인 '새참'이나 같은 참이지만 오랜 시간을 가리키는 '한참'……. 그런데 같은 글자가 음식도 뜻하고, 시간도 뜻하다니 이상하지 않나요? 참은 음식일까요? 시간일까요?

이 의문을 풀기 위해서는 조선의 역참 제도를 살펴봐야 합니다. 역참 제도는 간단히 말해 원나라의 참적站赤 제도를 참고해 만든 중앙과 지방 간의 연락망입니다. 삼국 시대에도 역참제를 활용했다는 기록이 있는데 원의 제도가 영향을 끼치면서 더욱 체계화되었고 조선 시대까지 이어졌죠.

사극을 보면 말을 타고 연락을 전하는 사람들이 나옵니다. 이들을 '파발마'라고 불렀는데, '파발'은 조선 후기에 설치된 통신 체제로 보통 급하게 문서를 전할 때 이용했습니다. 그런데 아무리 잘 뛰는 말이라고 해도 말 한 마리가 쉬지 않고 달릴 수 있는 거리는 제한되어 있죠. 그래서 말이 오가는 거리를 일정한 간격으로 나눠 말을 대체할 수 있게 하고, 사람도 잠시 쉬어갈 수 있도록 숙소를 마련했는데 그것이 바로 역참이랍니다.

오늘날 서울에 위치한 말죽거리와 구파발이 예전에 역참이 있던 곳입니다. 대개 역참 간의 거리는 100리, 약 40킬로미터였는데, 이 하나의 참을 가는 데 꽤 많은 시간이 걸렸다고 합니다. 바로 여기서 '한참'이라는 말이 비롯됐습니다. 원래는 하나의 참을 이동하는 데 필요한 긴 시간을 의미하는 단어였죠.

그렇다면 새참과 야참에 사용하는 '참'은 어디서 유래했을까요? 파발꾼이 한양에서 출발해 부산처럼 먼 곳까지 갈 경우, 파발꾼은 한 역참에서 잠시 쉬거나 하룻밤을 묵으며 음식을 먹을 것입니다. 여기서 '참'이 음식의 의미로까지 파생되었다고 합니다. 이로써 참은 시간과 음식을 동시에 의미하게 되었고 오늘날까지 전해졌죠.

'참'의 어원은 몽골어 '잠'이라고 합니다. 앞에서 이야기한 대로 역참 제도가 원나라로부터 영향을 받은 것이다 보니, '길'을 뜻하는 몽골어 '잠'이 중국에서 '참站'으로 불리다가 원나라의 참적 제도와 함께 그대로 우리에게 전해진 것이죠. 이렇게 보니 원나라가 오랜 기간 우리 민족에게 영향을 끼쳤네요.

조선 시대에는 시험을 치러 왔다가 깔려 죽은 사람들도 있었다?

亂場-

난장판

조선 후기로 갈수록 과거 시험에 응시하는 사람들이 늘어났습니다. 신분 상승의 유일한 통로였기 때문이죠. 1678년에는 시험에 응시한 사람의 수가 너무 많아 여덟 명이 압사당하는 어처구니없는 사태가 발생했다고 하네요.

예전에는 5일장, 7일장처럼 정기적으로 열리는 시장이 아니라 특별히 임시로 열리는 시장을 '난장亂場'이라고 많이들 불렀답니다. 정기 시장과 달리 난장이 서면 물건을 흥정하는 사람들뿐만 아니라 여기저기서 벌어지는 연희에 불청객들도 많아 시끌벅적하고 무질서했습니다. 그래서 '어지러울 난亂' 자를 붙여 난장이라고 불렀지요. 어찌 보면 규칙적이고 질서 있는 정기 시장보다 더 활력이 느껴지기도 한 난장을 이제는 보기가 쉽지 않네요.

그래서 '난장판' 하면 복잡한 시장을 떠올리기 쉽지만 사실 난장판에서 '난장'은 원래 임시로 열리는 시장이 아닌 조선 시대의 과거 시험장을 일컫는 용어였답니다. 왜 조용해야 할 시험장을 가리키는 데 '亂' 자를 사용했을까요?

조선은 '과거 시험의 나라'라고 할 만큼 과거 시험을 매우 중요하게 여긴 나라였답니다. 양반이 과거 시험에 통과해 조정에 나가지 못하면 이름만 양반일 뿐 양반 행세도 할 수 없었죠. 아무리 훌륭한 가문이라도 할아버지, 아버지, 본인까지 3대가 과거에 합격하지 못하면 있으나 마나 한 가문으로 전락하고 말았습니다. 사정이 이렇다 보니 조선 시대에는 집안의 남자들이 오로지 과거 시험에 합격하기 위해 매진했죠.

조선에서 관리가 되려면 3년마다 정기적으로 치르는 식년시와 비정기적으로 열리는 시험에 합격해야 했습니다. 물론 문음 혹은 음서라고 해서 시험을 보지 않고 가문의 힘으로 관리가 되는 일도 있었습니다. 하지만 이 경우에는 과거 시험, 특히 문과 급제를 한 사람과는 출세하는 데 상당한 차이가 있었다고 합니다. 이러다 보니 신분 상승의 유일한 통로인 과거 시험에 합격하기 위해 수단과 방법을 가리지 않는 사람들이 많아졌습니다. 요즘에도 이따금씩 일어나는 시험 문제 사전 유출은 물론, 대리 시험과 같은 부정행위까지 온갖 수단이 동원되었지요.

이를 막기 위해 여러 방책들이 등장했는데 그중 하나가 봉미입니다. 답안지 채점자가 시험 응시자의 신분을 볼 수 없게 이름 등이 적힌 답안지 오른쪽 끝을 풀로 붙이는 방식이었죠. 아예 답안지와 응시자의 인적 정보를 분리해 채점이 끝난 후에 확인하게 만든 할봉이나 채점자가 응시자의 글씨체를 미리 알아보고 부정을 저지르는 것을 막기 위해 모든 답안을 하급 관리가 다시 옮겨 적는 방법도 있었습니다.

역사학자들은 조선 후기부터 과거 시험의 부정행위가 도를 넘어 시험장이 난장판이 되었다고 봅니다. 조선 후기부터 과거 시험의 횟수와 응시자의 수가 급속히 늘어났거든요. 조선이 개국하면서부터 16세기 말까지 200여 년 동안 치러진 과거 시험의 수보다 17세기 100여 년 동안 치러진 과거 시험의 수가 두 배나 더 많다고 하니 짐작이 가지요? 우선 조선의 제19대 왕인 숙종 때에 이르러 응시자격을 서얼까지 확장하면서 응시자의 수가 늘어난 것으로 보입니다. 임진왜란 등의 전란 이후 학생 신분이 인정되면 징병되지 않는다는 것도 크게 작용했죠. 그런데다 백성을 위로한다는 명분하에 비정기적인 시험을 급속도로 늘리고 전보다 많은 수의 합격자를 선발함으로써 가짜 학생들과 도를 넘는 부정행위로 시험장이 점점 난장판이 된 것입니다.

이로 인해 조선 후기에는 과거 시험이 골칫거리로 전락하고 말았습

◆◆◆
함경도에서 실시한 과거 시험 장면을 그린 것으로, 한쪽에서는 무과가 치러지고 있고 다른 한쪽에서는 문과 합격자가 발표되고 있습니다.

니다. 1678년에는 숙종이 명륜당에서 실시한 시험에 수많은 응시자들이 몰리면서 여덟 명이 압사당하는 어처구니없는 사태까지 벌어졌죠. 당연히 이 시험은 바로 취소되었습니다. 하지만 과거 시험에 대한 근본적인 개혁은 과거 시험이 폐지되는 갑오개혁이 일어날 때까지 이뤄지지 않았답니다.

오늘날에도 시험의 나라라고 불릴 만큼 우리나라 대부분의 학생들은 물론, 성인들까지 수많은 시험에 매진하고 있습니다. 어쩌면 조선 시대 과거 시험의 전통이 지금까지 계속되고 있는 것은 아닐까 하는 생각도 듭니다. 조선 시대의 과거 시험과 비교하면 오늘날의 대학 입시나 공무원 시험은 어떤가요? 과연 지금의 시험 제도가 전보다 발전했다고 말할 수 있을까요?

성현이라 불리는 퇴계 이황이
과거 시험에 세 번이나 낙방했다고?

工夫

공부

퇴계 이황은 과거 시험에서 세 번이나 낙방했다고 합니다.
그런데도 오늘날까지 그가
뛰어난 유학자로 꼽히는 이유는 무엇일까요?

전 세계에서 청소년들의 공부 시간이 가장 긴 나라가 바로 한국이라고 합니다. 2017년에 여성가족부에서 실시한 청소년종합실태조사에서 우리나라 청소년들이 저녁 식사 이후 가장 많이 하는 활동으로 공부가 꼽히기도 했죠. 또 통계청에 따르면 우리나라 어린이 · 청소년의 사교육 참여율은 67.8퍼센트라고 하네요. 그래서인지 학생들의 주식이 컵라면이라는 이야기까지 나오고 있습니다. 심지어 우리나라의 중 · 고등학교에는 다른 나라에는 없는 0교시가 있습니다. 0교시라니 정말 이상한 말이지 않나요? 여기서 끝이 아닙니다. 야간 자율 학습도 해야 하거든요. 물론 그 시간에 정말 자율적으로 공부하는 학생도 있겠지만 만약 반강제적으로 진행되는 학습 시간이라면 자율 학습이 아니라 타율 학습이라고 불러야 할 것 같습니다.

이렇게 공부로 둘째가라면 서러운 한국 사람들 중 공부의 어원이 무엇인지 생각해 본 사람은 얼마나 될까요? '공부'는 '장인 공工'과 '지아비 부夫'가 결합한 한자어로, 글자 그대로 풀이하면 '일하는 사람'을 가리킵니다. 중국식으로 읽으면 '쿵푸'가 되죠. 우스갯소리로 영화 〈쿵푸 팬더〉가 떠오른다고 할 수도 있겠지만 아무리 생각해 봐도 공부와 무술은 거리가 먼 듯합니다. 그렇다면 일과 공부 사이에는 무슨 관련이 있는 걸까요?

본래 중국에서는 공부가 일과 관련되어 쓰이는 말이었습니다. 견습공이 훌륭한 목수가 되기 위해서는 나무를 깎고 다듬는 일을 반복하며 열심히 노력해야 합니다. 학생들도 새로운 지식을 습득하려면 열심히 책을 읽고 필기해야 하잖아요? 이렇게 일하는 사람과 학생이 열심히 노력해야 한다는 공통점을 가지면서 공부는 점차 오늘날의 의미로까지 확장되었습니다.

사실 공부의 핵심은 하기 싫은 것을 오래 해야 한다는 것입니다. 일본에서는 공부를 '억지로 애쓰다.'라는 뜻의 '벤쿄스루 勉強する'라고 합니다. 공부의 본질을 잘 드러내는 단어지요. 공부가 놀이와 같다면 얼마나 좋을까요? 하지만 공부로 높은 경지에 오르려면 오랜 시간의 노력이 쌓여야 합니다. 이는 공부뿐만이 아니라 다른 모든 일에도 똑같이 적용됩니다. 노력 없는 천재는 있을 수 없으니까요.

우리나라 사람들은 공부 하면 누구를 가장 먼저 떠올릴까요? 바로 퇴계 이황입니다. 이황은 조선에서 가장 뛰어난 유학자로 손꼽히는 인물입니다. 우리가 사용하는 1000원짜리 지폐에도 얼굴이 그려져 있죠. "한 권을 마치면 반드시 그 책을 외우고, 두 권을 마치면 내리 외웠다. 이렇게 하니 차츰 처음 배울 때와는 달랐다. 그렇게 서너 권을 읽자 스스로 터득하는 바가 있었다."라고 말할 정도로 공부에 대한 열정이 남달랐던 이황은 공부를 통해 높은 인격의 소유자이자 고매한 선비가 되고자 했습니다. 그런데 이황이 생각하는 고매한 선비는 아는 게 많은 사람이 아니었습니다. 흔들림이 없는 사람이었습니다.

의관을 바르게 하고 그 시선을 존엄하게 하라. …… 입을 병마개 막듯이 다물고, 잡생각을 성문 지키듯이 막아라. 성실하고 공경하여 감히 잠시도 경솔하지 마라. …… 두 가지 일이라고 마음을 두 갈래로 나누지 말고, 세 가지 일이라고 마음을 세 갈래로 나누지 마라. 마음을 오로지 하나로 하여 만 가지 변화를 살펴보아라. 이를 '경을 지킨다.'라고 하니 움직일 때와 정지하여 있을 때도 어김이 없고 안과 밖을 서로 바르게 하라.

_「경재잠敬齋箴」 중에서

「경재잠」은 이황이 세상을 떠나기 전 왕에게 올린 글로, 이 글을 통해 그가 어떤 사람이 되고 싶어 했는지 간접적으로나마 알 수 있습니다. 여기서 '경敬'은 흔들림 없이 마음을 수련해 하루에 일어나는 만 가지 마음 변화를 한마음으로 살피는 것을 말합니다. 영어로는 '마인드풀니스mindfulness', 즉 마음을 살피는 집중력이라고 할 수 있죠. 이것이야말로 이황이 생각한 진정한 공부였습니다.

책만 많이 읽는다고 공부가 되지는 않잖아요? 이황 역시 과거에 세 번이나 낙방한 적이 있다고 합니다. 그럼에도 그가 뛰어난 유학자로 손꼽힐 수 있었던 것은 기계적으로 책을 읽지 않고, 살피고 사색하는 과정을 동반함으로써 진정한 공부를 추구했기 때문입니다. 여러분은 진정한 공부를 하고 있나요? 혹시 고통스럽게 책에 파묻혀 있느라 사색할 시간이 없지는 않나요?

min +1분 한국사

박사가 옛날에는 직업이었다고?

여러분은 초등학교에서부터 고등학교까지 12년 동안 어떤 목적으로 학교에 다녔나요? 혹시 대학교에 가기 위해 학교에 다니지는 않았나요? 시대가 바뀌었다고는 하지만 아직도 많은 사람들이 대학으로 인생의 향방이 결정된다고 여깁니다. 심지어 요즘에는 취업을 위해 석사나 박사 과정까지 밟는 청년들이 늘고 있죠. 개인의 사정에 따라 다르겠지만 취업을 위해 최고의 기관에서 박사 학위를 받느라 20년 넘게 공부하다니, 아이러니하지 않나요?

'박사'는 한자로 '博士'라고 씁니다. 그 뜻을 풀어 보면 '넓게 아는 선비' 또는 '재능 있는 사람'이죠. 오늘날의 박사는 대학원에서 정해진 절차를 밟은 사람에게 주는 학위지만 최초의 박사는 교육과 무관했답니다. 기록에 따르면 박사라는 호칭은 진나라에서 최초로 쓰였습니다. 중국 최초로 통일 제국을 세운 진시황이 국정에 도움이 될 인물들을 뽑아 박사라고 부른 데서 유래했죠.

그리고 시간이 흘러 한나라 최고의 교육 기관인 태학에서 각 분야의 전문 교육자를 두고 박사라고 부르면서 박사는 교육과 연관되기 시작했습니다. 고구려, 백제, 신라 역시 중국의 교육 기관을 본떠 태학이나 국학 등을 설치하고 박사라는 교육자를 두었죠. 당대 유명한 박사로는 일본으로 건너가 백제의 선진 문명을 전파한 왕인이 있답니다.

중국의 관직으로 도입된 박사는 근대화를 거치며 서양식 교육 제도에 따른 박사로 탈바꿈했습니다. 서양에서 최초로 철학 박사 학위를 취득한 우리나라의 여성은 김활란입니다. 여성으로서는 최초의 대학 졸업자기도 하죠. 하지만 그녀는 친일파 중 한 명으로 부끄러운 역사의 한 조각입니다.

한편 근대부터 박사 학위는 매우 명예로운 것으로 자리를 잡았습니다. 대한민국 초대 대통령인 이승만도 이승만 박사라고 불리는 것을 더 좋아했다고 하네요. 그래서일까요? 전문 연구자로서 학식을 갖춘다는 의미 외에도 박사라는 학위가 주는 명예를 얻기 위해 오늘도 대학원에서는 수많은 예비 박사들이 땀을 흘리며 자신과의 싸움을 계속하고 있답니다.

조선 시대의 호칭을 살펴보면 당시의 궁궐 구조를 알 수 있다?

-下

전하

궁궐에는 임금을 정점으로 엄격한 위계질서가 존재했기 때문에 누가 거처하는지에 따라 건물의 높고 낮음과 이름이 결정되었습니다. 쉽게 말하자면 건물에 암호가 있었던 셈이지요.

"전하, 이러시면 아니 되옵니다." 사극에 등장하는 신하들이 왕에게 자주 하는 말입니다. 여기서 '전하'는 굳이 설명하지 않아도 모두가 알고 있는 말입니다. 그런데 여러분은 궁금하지 않나요? 왜 왕을 전하라고 부르는지 말이에요. 간단히 설명하면 임금을 함부로 부를 수 없기 때문이랍니다. 그래서 '궁궐 전殿'과 '아래 하下'를 붙여 '건물 아래에 있는 자신을 봐 달라.'는 뜻으로 전하라고 부르는 것이죠. 이렇듯 '전하'라는 호칭은 왕을 직접 지칭하는 표현이 아니랍니다.

옛 호칭에 대해 공부하다 보면 뜻밖에 조선의 궁궐 건축에 대해서도 알 수 있습니다. 궁궐에는 임금을 정점으로 엄격한 위계질서가 존재했기 때문에 누가 거처하는지에 따라 건물의 높고 낮음과 이름이 결정되었거든요. 쉽게 말하자면 건물에 암호가 있었던 셈입니다.

먼저 '전'은 궁궐의 건물 중에서 가장 크고 중요한 건물인 경복궁의 근정전과 창덕궁의 인정전을 말하는 것으로, 임금과 왕비가 지내는 건물에 쓰였습니다. 여기서 '전하'라는 말이 나오게 되었죠. 그리고 '당'은 전의 부속 건물로 한 단계 낮은 건물에 쓰였고 '합'이나 '각'은 또 그 아래 부속 건물에 쓰였습니다. 또 '재'는 창덕궁의 낙선재처럼 왕가의 주요 인물이 아닌 왕실 가족이 생활하는 공간에 쓰였답니다.

한편 '하'로 끝나는 말에는 어떤 것들이 있을까요? 각하는 전하보다 아랫사람을 부르는 것으로, 조선 시대에는 정승을 가리키는 호칭이었다고 합니다. 이제는 그냥 대통령이라고 부르지만 20세기 후반의 권위주의 시대 때만 해도 대통령을 꼭 각하라는 호칭으로 불렀답니다. 지금 보니 대통령 전하라고 부르지 않은 것을 다행으로 여겨야 했네

❖❖❖
근정전은 경복궁의 중심 건물로, 국가 의식을 거행하거나 외국 사신을 맞이할 때 쓰인 곳입니다. 내부 뒤편 중앙에는 이 건물의 주인인 임금의 자리가 있지요.

요. 오늘날 친숙하게 쓰이는 '영감'도 원래는 관직과 관련된 호칭이었습니다. 대개 '영감' 하면 나이 드신 할아버지를 떠올리는데 사실 영감은 조선 시대에 정삼품과 종이품 관원에게 쓰던 높임말이랍니다. 그리고 '대감'은 그보다 더 높은 정이품 이상의 관직에 있는 사람에게만 허용되던 호칭이고요. 그러면 가장 높은 지위에 있는 사람은 어떻게 불러야 할까요? '폐하'라고 불린 황제보다 더 높은 사람이 있을까요? 있답니다. 바로 '성하聖下'라고 불리는 교황이죠.

요즘에는 잘 쓰지 않는 '슬하膝下'라는 말도 '하'로 끝나는 말 중 하나입니다. 주로 "슬하에 자식을 몇이나 두셨나요?"라는 식으로 쓰이는데요, 이는 무릎 밑에 있는 자식이 몇이냐고 묻는 것입니다. 즉 슬하는 직역하면 '무릎 밑'이란 뜻으로 '부모의 보호를 받는 테두리'를 의미하죠. 이와 관련된 말로 '조카'가 있습니다. 조카는 삼촌과 조카의 관계처럼 형제자매의 자식을 가리키는 말로, 한자어 '족하足下'에서 유래했습니다. 즉 자신의 자식이 무릎 아래라면 형제나 자매의 자식은 그보다 더 밑인 발아래에 있는 것이죠. 오늘날에는 직급을 의미하는 말마저 생략하고 '님'이라고 부르는 경우가 흔하지만 우리나라는 본래 호칭의 나라라고 할 만큼 복잡한 호칭 체계를 가지고 있었답니다.

min +1분 한국사

임금의 이름은 조선 시대 1급 기밀이었다?

우리나라의 호칭 체계가 복잡했던 것은 조상이나 임금의 이름을 함부로 말하지 않는 전통 때문이기도 합니다. 요즘에도 부모님의 이름을 말할 때 "김 O자, O자입니다."라고 해야지, "김OO입니다."라고 하면 버릇이 없다고들 하잖아요?

예전에는 임금의 이름을 금기시해 공문서는 물론, 일상에서도 함부로 쓰거나 말하지 않았습니다. 당시에는 임금의 이름을 '휘諱'라고 했는데, 여기에서 '임금의 이름을 숨기다.'라는 뜻의 '휘지비지諱之秘之'라는 말이 나왔고, 발음이 쉽지 않다 보니 오늘날의 '흐지부지'라는 말로 바뀌었죠. 그야말로 원래의 발음이 흐지부지된 것입니다.

왕의 이름과 관련된 재미있는 이야기를 하나 더 해볼게요. 조선 시대에는 아기의 이름을 지을 때 되도록이면 왕과 그 아들들의 이름은 피했다고 합니다. 『세종실록』에 따르면 글자는 달랐지만 소리가 같아서 기존의 이름을 바꾸는 일까지 있었다고 하네요. 그러다 보니 왕실에서도 왕의 이름은 물론, 왕이 될 세자의 이름을 함부로 지을 수 없었습니다. 후대로 갈수록 불편을 덜기 위해 거의 쓰지 않는 한자를 찾거나 아예 새로운 글자를 만들어 쓰기도 했죠. 자연스레 조선 시대 왕들의 이름은 외자가 될 수밖에 없었습니다(물론 조선 시대 모든 임금의 이름이 외자인 것은 아닙니다. 조선이 세워지기 전에 태어난 이성계나 이방원 같은 임금들은 예외지요. 하지만 이성계도 후대에는 '이단'이라는 고친 이름으로 기록에 남기는 합니다). 세종의 이름에도 당시에는 거의 쓰이지 않던 어려운 한자 '복 도祹' 하나만 사용됐죠. 참고로 세종이라는 이름은 사실 세종을 종묘에 모실 때 붙여진 이름으로, 정식 이름은 세종장헌영문예무인성명효대왕이랍니다.

의자왕의 3000명 궁녀가 거짓이라면 연산군에 대한 기록도 잘못된 것이 아닐까?

興淸亡淸

흥청망청

연산군은 흥청이라는 기관을 통해
1000여 명에 이르는 기생들을 궁으로 들였다고 합니다.
하지만 오늘날의 역사학자들은 흥청이 원래
전문 음악인과 예술인들이었다고 새롭게 해석하고 있답니다.

2015년에 〈간신〉이라는 한국 영화가 개봉했습니다. 조선에서 폐위된 두 명의 왕 중 연산군을 주인공으로 했죠. 덕분에 희대의 폭군이라 불리던 연산군과 그와 관련된 이야기가 또다시 주목을 받았습니다.

연산군은 조선의 제9대 왕인 성종의 맏아들로, 어머니는 폐비 윤씨입니다. 역사에 따르면 연산군이 즉위한 지 1년이 지나고 나서야 생모인 윤씨가 어떻게 사망했는지 알게 되면서 신하들과 대립하게 되었다고 합니다. 갈등은 더욱 치달아 조선 최초의 사화*인 무오사화가 발생해 많은 사림파 인사들이 숙청당했고, 그럼에도 연산군은 사냥과 여색에 빠져 국정을 돌보지 않고 폭정을 계속했지요. 결국 연산군은 중종반정으로 폐위를 당합니다. 중종반정을 일으킨 이들은 연산군이 백성을 잘못 다스린 것을 넘어 '황음무도**'했다는 것을 반정의 명분으로 삼았습니다. 쉽게 말해 양반들이 왕을 도덕적으로 용납할 수 없어 사회적으로 매장한 것입니다.

연산군은 자신의 색욕을 위해 수많은 여인들을 동원했습니다. 심지어 자신의 큰어머니이자 월산대군의 부인 박씨까지 건드렸다고 합니다. 여기에서 그치지 않고 자신의 여흥을 위해 매번 사치스러운 잔치를 열고, 잔치에 참여할 미색을 찾는 관청도 만들었지요. 이 관청을 통해 조선 팔도에서 궁중으로 모인 기녀들이 바로 '흥청興淸'입니다. '흥

* 士禍. 조선 시대에 조신 및 선비들이 정치적 반대파에 몰려 참혹한 화를 입은 일로 무오사화는 훈구파와 사림파가 대립하여 사림파가 밀려난 최초의 사화다.

** 荒淫無道. 주색에 빠져 사람으로서 마땅히 할 도리를 돌아보지 않는 면이 있음.

청'은 '흥할 흥興'에 '맑을 청興'이 결합한 단어로, '바르지 못한 것을 씻어 내다.'라는 모순적인 의미를 가지고 있습니다. 흥청들은 연산군을 위해 매일같이 잔치를 열었습니다. 백성들의 삶이 궁핍해진 것은 당연했죠. 심지어 백성들이 살고 있던 민가를 헐어 연회장으로 만들기도 했습니다. 연산군의 폭정을 거론할 때 항상 같이 이야기되는 장녹수 역시 이 흥청 출신입니다. 이로 인해 연산군의 흥청이 나라를 망하게 한다는 뜻으로 "흥청이 망청이다."라는 말이 돌았고 여기서 '흥청망청'이라는 말이 생겨났습니다.

『중종실록』에 따르면 연산군은 1000여 명에 이르는 기생들을 궁으로 들였다고 합니다. 그런데 과연 그렇게 많은 기생들을 궁에 들일 수 있었을까요? 백제 의자왕이 3000명의 궁녀를 거느렸다는 이야기가 패망의 원인을 강조하기 위해 승자가 과장한 기록이라는 점은 이미 잘 알려진 사실입니다. 연산군의 폐위 역시 당시 권력 다툼의 결과라는 점을 고려하면 폭군으로 묘사된 연산군의 모습도 반정에 성공한 세력에 의해 과장된 평가일 수 있지 않을까요?

역사학자들은 실제로 흥청이 있었던 것은 사실이지만 원래는 그 이름에 나타나듯이 예악을 담당한 연주자들, 지금으로 치면 전문 음악인과 예술인들이었을 것으로 보고 있습니다. 연회에 춤과 음악이 함께하는 것은 당시 일반적인 일이었습니다. 설사 근본적인 목적이 왕의 쾌락을 위해서였다고 하더라도 지방 관청이나 일반 사대부들의 모임에도 음악 연주자나 춤추는 기생들이 동원되었으므로 왕만 비난받을 이유는 없었던 것으로 보입니다.

과연 진실은 어디에 있는 걸까요? 연산군은 정녕 희대의 색욕가이자 폭군이었을까요? 아니면 중종을 옹립한 세력들에 의해 희생된 비운의 왕이었을까요?

양반, 중인, 상민, 천민 4개의 신분으로 이루어져 있던 조선 사회에는 계급마다 중요하게 여기는 의례와 관습이 있었습니다. '미련' '소상' 등 19개에 이르는 상례 절차나 '통죽'을 금하는 담배 관습 등이 대표적이지요.

4.

조선 시대, 양반 중심 사회의 성립과 서민들의 생활사

건달_乾達婆

은행_銀杏

미련_未練

비빔밥_骨董飯

건배_乾杯

청양 고추_靑陽-

고구마_こうこういも

담배_tobacco

막걸리_막걸리

건달은 원래 선한 신의 이름이라고?

乾達婆

건달

'건달'의 어원인 '건달바 乾達婆'는 원래 인도 신화에서 병을 치료하고 음악을 즐기며 향기만 먹고 사는 선한 신이었습니다. 하지만 음악을 진정한 예술로 인정하지 않는 과거 사람들에 의해 오늘날과 같이 부정적인 의미의 단어가 되었습니다.

'빈둥빈둥하며 게으름을 피우거나 일은 하지 않고 노는 사람' '한심하고 실속 없는 난봉꾼' '불량배'……. 한국 사람들에게 '건달' 만큼 부정적인 의미를 가진 말도 없을 것 같습니다. 그런데 건달의 어원을 찾아본 사람이라면 반전이 있는 내용에 놀랄지도 모르겠습니다. '건달'의 어원인 '건달바'는 인도 고대 신화에 등장하는 신이거든요. 심지어 병을 치료하는 신령한 물을 담당하며 향기만 먹고 사는 선한 신이죠. 신화라고는 하지만 오늘날의 건달과는 믿기 어려울 만큼 정반대의 모습을 하고 있습니다.

건달바乾達婆는 음악의 신이기도 했습니다. 그래서 인도에서는 지금도 전문 악사들을 건달바라고 부른답니다. 천상의 음악으로 불법을 전파하고 수호하는 건달바의 이미지는 한국 곳곳에도 남아 있습니다. 팔부의 신들이 조각된 석굴암을 비롯해 석탑, 그림 등에 그 모습이 잘 묘사되어 있죠.

그렇다면 천상의 음악 신이 어떻게 건달로 변했을까요? 그것은 음악을 진정한 노동 또는 예술로 인정하지 않는 과거의 인식 때문이었습니다. 지금이야 전문 음악인들이 높은 인기를 얻으며 선망의 대상이 되고 있지만 그리 오래되지 않은 과거만 해도 한국 사회에서 음악가들은 천대를 받았습니다. 음악을 업으로 삼는 사람들을 '딴따라'라고 낮추어 이르는 속어까지 있을 정도였죠. 일상생활에서 음악이 차지하는 비율을 생각하면 이해할 수 없는 일이었지만 과거에는 음악을 손으로 잡을 수 없는 뜬구름 같은 일로 치부하곤 했습니다. 음악이 밥을 먹여 준다고 생각하지 않은 거죠. 이런 이유로 음악 신인 건달바의

구불구불한 수염이 있는 용왕을 중심으로
왼쪽에는 새처럼 생긴 가루라, 오른쪽에는 사자 모양의 관을 쓰고 있는 건달바
그리고 혼자서 다른 방향으로 몸을 틀어 합장하고 있는
위태천 등이 그려져 있습니다. 이들은 원래 인도의 고대 신들이었지만
불교로 유입된 후 불법과 수행자를 수호하는 신들이 되었습니다.

이름을 빌려, 정착하지 못하고 이곳저곳 돌아다니면서 별다른 직업 없이 음악만 하며 살아가는 사람들을 건달이라고 불렀습니다. 변화무쌍한 소리의 마술사인 음악 신이 하루하루 일상을 버티는 생활인들에게 실속 없는 '건달' 취급을 받게 된 것이죠.

하지만 건달이야말로 불교에서 말하는 인생의 참모습과 맞닿아 있다고 볼 수 있습니다. 우리의 삶은 아름답고 신비롭지만 언젠가는 사라지는 향과 소리처럼 붙잡을 수 없는 것입니다. 그래서 불교에서는 인생이 건달바가 쌓아 올린 성과 같다고 표현합니다. 마치 뜬구름처럼 허공을 날아다니며 곧 사라질 음악을 연주하는 건달바가 쌓아 올린 성이란 잠시도 유지될 수 없는 것이죠. 지금쯤 눈치챘을 사람도 있겠지만 '일을 대충한다.'는 뜻의 '건성'이라는 말 역시 여기서 유래했답니다. '건달바의 성城'을 줄이면 건성이 되죠. 건달바가 성을 짓듯이 일을 하면 그 일이 제대로 될 리 없잖아요? 이처럼 '건달'이라는 단어 하나에도 흥미로운 신화와 역사가 얽혀 있답니다.

min +1분 한국사

도깨비는 원래 방망이를 들고 다니지 않았다?

몇 해 전 한 방송사에서 방영한 〈도깨비〉라는 드라마가 장안의 화제였습니다. 드라마 덕분인지 이제 도깨비 하면 기존의 이미지와 달리 아주 잘생기고 수백 년을 살며 보통의 인간은 꿈도 꾸지 못할

신통력을 가지고 있는 남자가 떠오르는데요. 여자를 좋아해 사랑에 빠진다는 설정은 전통적인 도깨비와 비슷하지만 기다란 칼이 가슴을 관통한 모습이나 도깨비 신부가 나타나 칼을 뽑아 준다는 설정은 기존의 설화에는 없는 발상입니다.

흥미롭게도 도깨비의 모습을 상상하면 대개 방망이를 들고 머리에 혹이 튀어나온 모습을 떠올립니다. 이는 불교의 도깨비라고 불리는 야차의 이미지와 겹치는데, 야차는 앞서 살펴본 건달바처럼 불법을 수호하는 신 중 하나입니다. 야차는 항상 무기를 들고 있는 모습으로 그려져 왔는데, 불교가 들어오면서 야차의 모습이 곧 도깨비의 모습에 겹쳐진 것으로 보고 있습니다.

도깨비의 어원과 관련해서는 여러 이론들이 있는데 그중 '갑자기 튀어나오다.'라는 뜻의 '돗'과 '아비'가 합쳐져 만들어진 말이라고 보는 주장이 가장 유력합니다. 도깨비는 우리나라의 여러 전래 동화에 등장할 만큼 친숙한 존재입니다. 도깨비가 오랜 시간 인기 있었던 비결은 무엇일까요? 아마 우리가 잃어버린 동화 속 세계를 현재와 연결시켜 주고 누구나 한 번쯤은 도깨비 방망이가 필요한 소망을 가져 본 적이 있어서가 아닐까요?

중국 산둥성에 기원전부터 자라고 있는 은행나무가 있다고?

銀杏

은행

공자의 정신을 기리기 위해
조선 시대에는 성균관과 지방 서원에 은행나무를 심었습니다.
우리나라 양평 용문사의 은행나무는 1000년이 넘었다고 하는데
중국 산둥성에는 기원전에 심어진 은행나무가 있다고 하네요.

저는 어렸을 적 은행나무라는 이름을 듣고 순진하게도 금융 기관인 은행과 관련된 나무라고 생각했답니다. 나무 주위로 떨어지는 동그란 열매가 동전같이 보여서 돈을 품고 있는 나무, 즉 은행나무라고 생각한 것이죠. 물론 착각은 자유입니다.

'은행'은 '은 은銀'과 '살구 행杏'이 결합한 한자어로, '은빛의 살구나무'라는 뜻입니다. 은행 열매가 살구와 비슷하게 생긴 데다, 흰색이라 붙은 말이라고 해요. 은행잎의 모양을 자세히 들여다보면 잎이 뾰족한 침엽수는 물론, 잎이 넓은 활엽수와도 모양새가 다른 것을 알 수 있습니다. 그 모양이 오리발과 닮았다 해서 '오리 압鴨'과 '다리 각脚'을 써 '압각수'라고 부르기도 했지요. 은행나무는 워낙 잘 자라고 공해에도 끄떡 없어 가로수로 많이 심습니다. 다만 열매에서 지독한 냄새가 나는 것이 흠이라면 흠이지요. 사실 이 지독한 냄새는 은행나무의 자기 방어 능력과 관련된 것인데 이 냄새 때문에 웬만한 벌레들은 은행나무 근처에 얼씬도 못한답니다. 덕분에 은행나무는 수명이 길죠.

우리는 그저 흔한 가로수라고 느낄 때가 많지만 은행나무는 사실 놀라운 식물입니다. 살아 있는 화석이지요. 은행나무는 중생대, 즉 지금으로부터 약 2억 5000만 년 전에 지구상에 출현했습니다. 인류가 없던 시대부터 공룡과 같이 살았던 셈입니다. 은행나무가 한반도에 언제 들어왔는지는 정확히 알려져 있지 않습니다만 기원지는 중국일 것으로 추측됩니다. 믿기 어렵겠지만 중국 산둥성에는 기원전부터 지금까지 살아 있는 오래된 은행나무가 있다고 하네요. 우리나라에도 수명이 1000년 이상 된 은행나무 60여 그루가 존재하는데 그중 가장 오래된 것이 바로 양평 용문사의 은행나무랍니다. 1100살이 넘도록 한 자리를 지키고 있는 용문사의 은행나무를 보고 있자면 나이에 걸맞는 우람함에 경외감마저 느껴집니다. 특히 가을이면 햇빛에 찬란하게 반짝이는 노란 은행잎들은 보는 이로 하여금 잊지 못할 장관을 연출합니다. 바람이 불어 은행잎들이 우수수 떨어져 내리는 모습 또한 말로 표현하기 어려울 정도로 아름답지요.

서울에도 멋진 은행나무를 볼 수 있는 곳이 있습니다. 바로 조선 시대 최고의 교육 기관인 성균관입니다. 성균관대학교 정문 오른편에 위치한 성균관에 들어서면 은행나무 두 그루가 멋지게 서있습니다. 성균관 대성전 뒤편에 자리 잡은 한 쌍의 은행나무도 서울에서 보기 드물게 멋지고 오래된 나무죠. 잘 알려져 있지 않아 사람들이 일부러 찾아오지는 않지만 은행나무를 감상하기에는 이곳만큼 좋은 곳도 드물답니다.

그런데 왜 성균관에 은행나무를 심었을까요? 그것은 500여 년 전에 경상북도 영주의 소수 서원에 은행나무가 심어진 이유와 같습니다. 바로 공자입니다. 유교의 창시자인 공자가 살구나무 밑에서 학생들을 가르쳤거든요. 그래서 조선 시대에 관리를 양성하고 유교 지식을 보급하는 데 앞장선 교육 기관인 성균관에 살구나무같이 생긴 은행나무를 심어 공자가 제자들을 가르치던 그 정신을 기린 것이죠. 성균관에 공자에게 제사를 지내는 대성전이 있는 것이나 지금도 향교나 학교를 '살구 행杏'과 '단 단壇'을 합친 '행단'이라고 부르기도 하는 것을 보면 공자의 영향력이 얼마나 컸는지 짐작할 수 있습니다. 이번 가을에는 변함없이 황금빛으로 변할 성균관의 은행나무를 보러 가보는 건 어떨까요?

+1분 한국사

『바둑이』라는 이름의 교과서가 있었다고?

바둑이라는 이름을 들으면 왠지 모를 슬픔이 베어 나옵니다. 어릴 적 키우던 강아지가 생각나서일까요? 예전에는 집에서 키우는 강아지를 '바둑이'라고 부르는 경우가 많았습니다. 1948년에 대한민국 정부가 수립된 후 처음으로 편찬된 교과서 이름도 『바둑이와 철수』였지요. 그러고 보니 교과서 이름으로 '바둑이와 철수'도 좋은 것 같네요.

그런데 왜 하필 개 이름이 바둑이였을까요? 설마 바둑이가 바둑과 연관이 있었던 걸까요? 선비들의 대표 취미 활동인 바둑이 길거리를 돌아다니는 바둑이와 조금이라도 유사성이 있을 리 없잖아요. 그런데 정말 재미있는 일이 생기고 말았습니다. 실제로 바둑이는 바둑에서 유래한 말이거든요!

요즘에는 쉽게 눈에 띄지 않지만 예전에는 흰 점과 검은 점이 섞여 있는 강아지들이 많았답니다. 이는 조선 후기의 화가 김두량의 그림에도 잘 나타나 있습니다. 김두량의 대표 작품은 그 제목이 〈삽살개〉지만 그 안에 그려진 강아지는 흰 몸통에 검은색 무늬가 있는 것이 영락없는 바둑이입니다.

그렇다면 '바둑'은 어떻게 생긴 말일까요? 이에 관해 다양한 설들이 있는데 그중 '밭+돌-밭돌-밭독-바둑' 설이 가장 그럴 듯합니다. 네모난 바둑판 위에 흰 돌과 검은 돌을 두는 바둑이 마치 네모난 밭에 돌을 두는 것 같다고 해서 생겨났다고 보는 설이지요. 경상도는 물론, 전라도와 충청도에서 돌을 '독'으로 발음했던 것도 영향을 끼친 것으로 보입니다.

다시 정리해 보면 네모난 밭 위에 흰색과 검은색의 돌을 둔다는 의미에서 '바둑'이라는 말이 유래했고, 또 그 흰색과 검은색 무늬에서 '바둑이'라는 이름이 나왔습니다. 선비들의 대표 취미 활동과 거리를 활보하는 개가 떼려야 뗄 수 없는 사이라니 참 재미있죠? 그런데 요즘에는 바둑이라는 이름을 듣기가 참 힘든 것 같습니다. 개의 이름에도 유행이 있는 걸까요?

'미련'은 원래 상례 절차를 의미하는 단어다?

未練

미련

'미련'이란 3년에 걸친 긴 상례 기간 중 첫 1년을 가리키는 말로 이 기간을 넘기면 상주는 상복을 세탁해 연복으로 갈아입고 매일 아침저녁으로 하던 곡을 음력 초하룻날과 보름날에만 합니다. 즉 미련은 죽은 이를 가장 그리워하는 기간인 것이죠.

우리가 쓰는 여러 가지 말 중에서도 '미련'은 참 인간적이고 아름다운 말인 듯합니다. '미련'은 떠난 사람을 깨끗이 잊지 못하고 쓸데없는 줄 알면서도 계속 그리워하는 마음입니다. 물론 "그 사람 참 미련해." "미련한 짓을 했네."처럼 쓰일 때는 둔하고 고집스러운 태도를 의미하기도 하지만요.

이중적인 의미를 가지고 있는 미련은 상례*에서 나온 말입니다. 한자로는 '미련未練'이라고 쓰는데 아직 연복**을 입지 않는 소상 전까지의 기간을 뜻합니다. 여기서 '소상'은 사람이 죽은 지 1년 만에 지내는 제사를 말합니다. 1주기인 소상이 되면 상주는 상복을 벗고 연복으로 갈아입은 뒤, 아침저녁으로 하던 곡을 음력 초하룻날과 보름날에만 하게 됩니다. 간단히 말하면 미련은 사람이 죽은 뒤 아직 기억이 생생하고 그리움이 많이 남은 1년 동안을 가리키는 말인 것입니다. 이 세상에서 다시 만날 수 없는 것을 알면서도 그리움이 멈추지 않는 것은 너무나 자연스러운 일입니다. 그래서 사람이 세상을 떠난 후 1년 정도의 시간을 의미하던 미련이 오늘날의 의미를 가지게 되었나 봅니다.

조선은 유교 사상에 입각해 예절과 의례를 중요하게 여긴 나라였습니다. 당대에는 지금과 비교도 할 수 없을 만큼 복잡한 의례 절차를 가지고 있었지요. 상례 절차만 해도 초종, 습, 소렴, 대렴, 성복, 조상, 문상, 치장, 천구, 발인, 급묘, 반곡, 우제, 졸곡, 부제, 소상, 대상, 담제, 길

---

* 喪禮 상중에 지키는 모든 예절.

** 練服 사람이 죽은 지 12개월 뒤부터 27개월까지 입는 상복.

제까지 무려 19개나 되었답니다. 이름만 대도 숨이 가쁠 지경입니다. 그런데 옛날 사람들은 이 19개의 절차를 모두 지키며 3년의 시간을 보내고 나서야 상례를 끝냈답니다. 사실 얼마나 많은 사람들이 상례의 절차와 규정을 철저하게 지켰을지 의심이 들기도 하지만요.

예법에 관해 쓴 책인 예서만 봐서는 조선 시대의 복잡한 상례에 대해 알기 쉽지 않습니다. 그래서 전통 상례를 쉽게 이해하는 데 도움을 줄 영화 두 편을 소개하고 싶어요. 박철수 감독의 〈학생부군신위〉와 임권택 감독의 〈축제〉입니다. 두 편 모두 한국말로도 설명하기 어려운 한국의 전통 상례를 외국인들도 쉽게 이해할 수 있도록 풀어냈거든요. 여러분도 이 두 편의 영화를 보면 영화 속 이야기와 함께 전통 상례의 과정을 재미있게 이해할 수 있을 겁니다.

상례의 19개 절차 중 첫 번째인 초종에는 초혼이라는 세부 절차가 따릅니다. 초혼은 사람이 숨을 거두면 지붕에 올라가 북쪽을 향해 죽은 사람의 웃옷을 휘두르며 죽은 이의 이름을 세 번 불러 혼을 초대하는 일입니다. 이미 숨을 거두어 돌아올 수 없다는 것을 알면서도 애타게 망자의 이름을 부르는 것입니다. 심지어 혼이 듣지 못할까 봐 세 번이나 부르죠. 참으로 애달픈 순간입니다. 오늘날에는 대부분 이런 복잡한 상례 절차를 따르지 않습니다. 편리하고 간소화된 요즘의 상례 문화도 좋지만 어쩌면 우리의 마음까지 간소화된 것은 아닌지 생각하게 됩니다.

한국은 세계에서 밥을 비벼 먹는 유일한 나라다?

骨董飯

비빔밥

우리나라와 가장 가까이 있는 중국과 일본에도
밥을 비벼 먹는 전통은 없습니다.
그래서인지 외국인들이 왜 이 아름다운 재료들을 마구 섞는지
물어보기 일쑤입니다만 '비빔'은 여러 각도로
살펴볼 필요가 있는 가치 있는 행위랍니다.

요즘 비빔밥이 외국인들에게 널리 알려지면서 재미있는 질문을 받기도 합니다. "한국 사람들은 왜 밥을 비벼 먹나요?" 참 흥미로운 관찰입니다. 사실 가장 가까이에 있는 나라인 중국에서도 밥을 비벼 먹지 않습니다. 하지만 유독 우리의 음식 문화에는 비빔밥, 비빔국수, 팥빙수에 이르기까지 음식을 비벼 먹는 전통이 광범위하게 자리 잡고 있습니다. 회덮밥 역시 일본에는 없는 일식 요리입니다. 일본에 '사시미 돈부리'가 있기는 하지만 먹는 방법부터 다릅니다. 생선회와 야채 등이 밥 위를 덮고 있지만 우리나라의 회덮밥처럼 소스를 넣고 비벼 먹지는 않거든요.

전라북도 전주 지방의 전통 비빔밥인 전주비빔밥은 가지각색의 고명을 가지런히 놓아 시각적으로도 아름다움이 느껴지게 합니다. 외국인들이 '도대체 정성스럽게 만든 갖가지 재료들을 왜 마구 섞나요?'라는 의문을 가지는 것이 당연해 보일 정도입니다. 또 '모든 것을 한데 비비면 갖가지 재료의 맛이 모두 없어지는 게 아닌가요?'라고 걱정하는 것도 이해가 갑니다. 갖가지 음식을 한데 섞어서 비벼 먹으면 각각의 고명이 가지고 있는 고유의 맛이나 향이 사라지기는 하거든요. 하지만 골고루 섞은 비빔밥 한 술을 먹어 보면 비빔만이 가져다주는 또 다른 맛의 조합을 느낄 수 있습니다. 맛의 파괴라기보다 새로운 맛을 맛볼 수 있는 것이죠.

비벼 먹는 행위 자체에도 의미가 있습니다. 주어진 음식을 그대로 먹는 것이 아니라 양념장을 넣고 숟가락으로 쓱쓱 비비면 먹는 사람이 최종적으로 음식을 완성하는 경험을 할 수 있거든요. 이는 집단적

의례 행위로 발전하기도 했는데, 지역 축제의 일환으로 열리곤 하는 대형 비빔밥 만들기 행사가 그것입니다. 참가자들이 수백 명에서 수천 명이 먹을 재료를 커다란 솥에 담고 거대한 주걱으로 함께 비벼 나눠 먹음으로써 모르는 사람들끼리 정을 나누는 것이죠. 이 행사는 오늘날 한국 음식 문화의 중요한 이벤트로 자리 잡고 있습니다.

비빔밥은 원래 한자로 '골동반骨董飯'이라고 했습니다. 현재까지의 문헌 중 골동반이 처음으로 등장한 것은 1800년대 말엽에 편찬된 저자 미상의 조리서인 『시의전서』입니다. 이 책에서는 비빔밥을 한자로 골동반骨董飯, 汨董飯, 한글로는 '부뷤밥'이라고 기록하고 있습니다. 중국 명나라 말기의 문인 동기창이 쓴 『골동십삼설』에서도 비빔밥의 흔적을 찾을 수 있습니다. 동기창은 분류가 되지 않는 옛날 물건들을 통틀어 '골동'이라고 부르면서 이 뜻을 이용해 여러 가지 음식을 혼합해 조리한 국을 골동갱骨董羹, 밥에 여러 가지 음식을 섞어서 익힌 것을 골동반이라고 소개했습니다. 조선 후기의 문인 홍석모가 세시 풍속을 정리한 『동국세시기』에서도 골동을 뒤섞는다는 뜻으로 사용했는데 "젓, 포, 회, 구운 고기 등을 밥 속에 집어넣은 이것은 곧 밥의 골동이다. 예부터 이런 음식이 있었다."라며 골동반, 즉 비빔밥을 소개하고 있습니다. '비빔밥'이라는 말이 사용되기 시작한 것은 20세기 이후부터로 보입니다.

비빔밥이라는 음식의 유래에 관해서는 몇 가지 설이 있는데 바쁘게 일하는 농번기에 들에서 먹기 편하게 만든 음식이라는 설명이 가장 설득력 있어 보입니다. 실제로 궁중에서도 구색을 따지지 않고 간단히 먹고 싶을 때 비빔밥을 먹었다고 하니 실용적인 면에서 유래한 음식인 것은 맞는 듯합니다. 하지만 조상에게 바친 음식을 살아 있는 후손과 손님들이 나눠 먹음으로써 조상으로부터 오는 복을 나누고자 한 음복 비빔밥이나 어렵고 가난하던 시절에 온 가족이 함께 나눠 먹던 양푼 비빔밥 등을 생각해 보면 비빔밥은 그저 생각 없이 비벼 먹을 수 없는 음식 문화인 것 같습니다.

+1분 한국사

안동에는 가짜 제삿밥이 있다?

제사를 끝내고 친척들과 함께 제사상에 올라간 음식을 나누어 먹어 본 적이 있나요? 이를 '음복飮福'이라고 부르는데, 단순히 배를 채우기 위한 행위가 아니라 조상이 먹은 음식을 자손들이 나누어 먹음으로써 조상의 복을 바라는 의미가 담겨 있지요.

사실 한국어를 잘 살펴보면 우리나라 사람들이 음식을 먹는 행위에 의미를 두고 있다는 것을 알 수 있습니다. "식사하셨어요?" "언제 밥 한번 같이 먹어요."라는 인사말에도 음식을 먹는 행위가 들어가고 '가족'과 같은 의미인 '식구食口'는 글자 그대로 해석하면 '같이 먹는 입'을 뜻하지요. 얼마나 정겨운 말들인가요?

한편 제삿밥 앞에 '헛'이 붙는 경우가 있습니다. 제사와 상관없이 먹었다는 뜻입니다. 경북 안동은 유성룡 등 많은 학자들이 태어나

양반의 고장으로 불리는 곳인데, 이곳의 양반들은 제사 때나 먹는 쌀밥과 진수성찬을 평소에도 먹었다고 해요. 그 바람에 헛제사밥이 생겨났지요. 안동 양반들이 어찌나 찾았는지 안동에 있는 음식점들이 헛제삿밥을 메뉴로 내놓기도 했답니다. 헛제삿밥이 본격적으로 외부에 알려지게 된 것은 1970년대에 안동댐을 건설할 때였습니다. 댐 건설로 수몰될 옛 가옥을 안동 민속 박물관 야외 전시장에 복원하면서 음식도 만들어 팔기 시작했는데 그때부터 알려지게 되었죠.

술잔을 다 비우고 머리 위에 잔을 뒤집는 데는 이유가 있다?

乾杯

건배

건배하고 술잔을 다 비우면
머리 위로 잔을 올려 거꾸로 뒤집는 사람들이 있는데
이는 '건배'의 뜻을 몸소 실천하는 움직임이기도 합니다.
한자어 건배乾杯를 풀이하면 '술을 다 마셔서 잔이 말랐다.'라는 뜻이거든요.

여러 명이 모인 자리에서 술을 마실 때 흔히들 '건배!'라고 외칩니다. 그러면 좌우에 있는 다른 사람들이 잔을 부딪히며 술을 마시죠. 술잔을 다 비우고 나면 머리 위로 잔을 거꾸로 들어 올리기도 하는데 이렇게 하는 이유는 술을 한 방울도 남기지 않고 다 마셨다는 것을 보여 주기 위해서랍니다. 우리나라에서는 술자리의 즐거움과 동지 의식을 강화한다는 의미에서 술을 강하게 권하곤 하는데, 이때 잔을 거꾸로 들어 다 마셨음을 보여 주는 행동은 상대방에게 어서 술을 마시라는 독촉의 뜻이 되기도 합니다. 그런데 놀랍게도 그 행동은 '건배'의 뜻을 몸소 실천하는 움직임이라고 합니다. 건배는 한자로 '乾杯'라고 쓰는데 이것을 글자 그대로 풀이하면 '술을 다 마셔 잔이 말랐다.'는 뜻이거든요.

인류에게 술은 그 역사만큼이나 보편적인 음료입니다. 그러다 보니 술을 마실 때 잔을 부딪히며 하는 말도 다양하죠. 중국, 일본, 한국 등 동아시아에서는 발음만 조금씩 다를 뿐 대부분 "건배!"라고 합니다. 반면 서양에서는 술을 건강하게 마시자는 취지에서 '건강'이라는 뜻의 "상테sante!"라고 하거나 즐겁게 마시자는 뜻에서 "치어스Cheers!"라고 외칩니다.

재미있고 창의적인 말로 술잔을 부딪힐 때도 있습니다. '위하여'는 건배라는 어려운 한자 대신에 순우리말을 쓴다는 점에서 의미가 있을 뿐만 아니라 '모두를 위한다.'라는 뜻을 가지고 있어 긍정적으로 볼 만합니다. 그런 의미로 2018년에 열린 남북 정상 회담에서 문재인 대통령이 건배를 제의하며 '위하여'를 외친 것은 주목할 만한 일이죠.

❖❖❖
신윤복이 그린 한양의 일반적인 술집 풍경입니다. 다양한 신분의 손님들이 자리해 있음을 알 수 있습니다.

그렇다면 조선 시대에는 뭐라고 외치며 술잔을 부딪혔을까요? 지금처럼 "건배!"라고 외쳤을까요? 사실 격식에 따른 음주 의례와 예절을 매우 중요하게 여긴 조선 시대에는 "건배!"라는 구호를 상상하기 어려웠답니다. 정확히 밝힐 수는 없지만 술이 본격적으로 대중화되기 시작한 개화기 이후부터 이런 말이 시작된 것으로 추측할 수 있습니다. 그러니 "건배!"와 같은 술자리 구호는 사실 오래된 전통이 아닌 것이죠.

조선 시대의 음주 문화가 어떠했는지 그 어떤 글보다 잘 보여 주는 그림이 하나 있습니다. 바로 신윤복의 그림입니다. 조선 시대 주막의 풍경을 그린 이 작품에서 주모는 머리를 틀어 올린 채로 부뚜막 위에 올라앉아 술을 퍼주고 있습니다. 그 옆에는 심부름을 해주는 사내아이가 서있고 오른편에는 술잔을 받는지 내려놓는지 알 수 없는 빨간 도포를 입은 남자가 있습니다. 그 뒤로 네 명의 남자들이 자기 차례를 기다리며 서있죠. 술을 퍼주는 국자는 물론, 대접이나 술 항아리 하나 하나 눈길을 끕니다. 다섯 남자들의 옷차림도 흥미롭고요. 의자에 앉거나 방에 들어앉아 술상을 받지 않는 것을 보니 간단히 한잔씩 하고 지나가는 목로주점*인 것 같은데 과연 당시 사람들은 뭐라고 외치며 술잔을 부딪혔을지 궁금해집니다.

+1분 한국사

우리나라의 음주 문화가 수작 문화라고?

어떤 사람들은 술을 지나치게 많이 마시면 쓸데없는 말을 많이 합니다. 또 술 때문에 예기치 못한 사건이나 사고가 일어나기도 하죠. 그래서일까요? 옛날 사람들은 '술을 주고받는다.'는 뜻의 '수작酬酌'을 부정적인 의미로 많이 사용했답니다. 남의 말이나 행동, 계획 등을 얕잡을 때 사용하곤 했죠. 좋은 뜻에서 주고받은 수작이 그 도가 지나치면서 서툰 수작이 되어 버린 셈입니다.

우리나라에서는 소위 '주도酒道'라는 말이 있을 정도로 술 마시

* 술잔을 놓기 위하여 널빤지로 좁고 기다랗게 만든 상을 차려 놓고 술을 파는 집.

는 예절을 중요하게 생각했습니다. 술을 따를 때와 받을 때의 손가짐과 몸가짐을 구분했고, 만약 자신보다 나이가 많은 어른 앞에서 술을 마시게 되면 돌아서서 술을 마시는 것이 올바르다고 생각했습니다. 스스로 술을 따르고 마시며 나이가 많은 사람과도 동등한 입장에서 술을 나누는 서양 문화와는 크게 다른 모습이죠. 그래서 술잔이 빌 때 스스로 부어 마시는 서양의 음주 문화는 '자작自酌 문화'라고 하는 반면에 술잔을 주고 다시 답례를 받는 우리나라의 음주 문화는 '수작 문화'라고 한다네요.

청양 고추를 재배하려면
외국에 돈을 내야 한다고?

青陽-

청양 고추

1990년대 말에 청양 고추의 종자권을 가지고 있는
국내 기업이 다국적 기업에 인수되면서
우리나라는 외국 기업에 청양 고추 로열티를 지불하게 되었습니다.
청양 고추가 외국의 것이라니, 아이러니하지 않나요?

청양 고추는 비록 길이는 짧지만 매운맛으로 보면 단연 압도적입니다. 오죽하면 '작은 고추가 맵다.'라는 말이 있을까요? 그런데 왜 이 맵디 매운 고추에 '청양'이라는 이름이 붙었을까요?

청양 고추는 재래종이 아니라 개량종입니다. 청양 고추라는 품종을 만든 유일웅 박사가 이렇게 이름을 붙인 데에는 크게 두 가지 설이 있습니다. 하나는 충청남도 청양 지역에서 나는 고추라서 청양 고추가 되었다는 설입니다. 그리고 또 다른 설은 경상북도 청송의 앞 글자와 영양의 뒤 글자를 합해 이름 지었다는 설이지요.

첫 번째 설은 청양에서 나오는 고추 품종이 여러 가지인데다 모두가 맵지는 않기 때문에 설득력이 떨어집니다. 두 번째 설은 청송 · 영양군 관계자들이 주장하는 것으로, 유일웅 박사가 청송 및 영양 지역에서 고추 재배 농가를 대상으로 3년 동안 시험 재배를 진행한 뒤 청양 고추로 이름을 붙였다는 설입니다. 하지만 아직까지도 누가 옳은지는 정확히 밝혀지지 않았습니다. 도대체 왜 이 고추에 청양이라는 이름이 붙었을까요?

한국인들은 언제부터 고추를 먹기 시작했는지도 살펴봅시다. 우리 음식에서 고추가 차지하는 비중은 상당합니다. 가장 대표적으로 빨간 고춧가루가 듬뿍 들어간 김치가 있죠. 사실 김치의 역사는 2000여 년이 넘지만 빨간 고추로 맛을 낸 김치의 역사는 500년이 채 되지 않습니다. 그 전의 김치는 대개 소금에 절인 백김치였죠. 그래서 김치라는 말은 원래 '침채'라 해서 '소금물에 담근 채소'를 뜻했습니다. 침채가 팀채, 딤채, 김채를 거쳐 오늘날의 김치가 된 것이죠. 시중에서 판매되고 있는 김치 냉장고의 이름인 딤채도 김치의 옛말인 셈입니다. 김치는 임진왜란 전후로 고추가 한반도에 들어오면서 빨갛게 변했습니다. 조선 후기에 연이은 기근으로 소금이 부족해지자, 사람들이 소금을 대신해 고추로 김치의 맛을 내기 시작했거든요. 이것이 오늘날의 빨간 김치가 된 것입니다.

한편 500년도 채 되지 않은 빨간 고추의 품종은 깜짝 놀랄 만큼 다양하답니다. 자그마치 1000여 종에 이른다고 하네요. 청양 고추는 종묘 회사에 근무하던 유일웅 박사가 제주산 고추와 태국산 고추를 잡종 교배해 만든 품종입니다. 그런데 이 청양 고추 종자권을 가지고 있던 종묘 회사가 1990년대 말 외환 위기에 농작물 다국적 기업에 인수되었습니다. 그리고 우리나라 농민들은 청양 고추를 심을 때마다 로열티를 내게 되었죠. 다른 고추들도 사정은 마찬가지입니다. 농촌 진흥청에 따르면 한 해 다국적 기업에 내는 농작물 로열티가 평균 150억 원에 이른다고 합니다. 우리나라 음식 문화의 정점에 있다고 볼 수 있는 고추가 사실은 토종 농작물이 아닐 뿐더러 외국에 로열티까지 내고 있다니, 아이러니하지 않나요?

일본에서는 자식이 부모에게 고구마로 효도했다?

こうこういも

고구마

고구마의 어원은 '고코이모'로 효행의 일본식 발음인 '고코こうこう'와 감자나 고구마 등을 총칭하는 '이모いも'가 합쳐진 말입니다. 식량이 부족할 때 부모에게 드리는 작물이라는 뜻이죠. 이 구황 작물은 조엄이 통신사로서 일본에 다녀오며 처음 조선으로 들여왔습니다.

추운 겨울이 되면 길가에서 파는 군고구마 냄새가 행인들의 코를 자극합니다. 김이 모락모락 나는 뜨거운 고구마를 이리저리 돌려 가며 겨우 껍질을 벗기고 한 입 베어 물면 달콤함이 온몸을 감싸는 듯하죠. 예전에는 길가에서 철통에 군고구마를 구워 파는 노점상들이 많았습니다. 요즘에는 세월이 변했는지 편의점이나 쇼핑센터 등에서 원적외선으로 고구마를 구워 팔더군요.

이렇듯 오랜 세월 동안 사랑받고 있는 한국인의 대표 간식인 '고구마'의 이름은 '고코이모孝行藷, こうこういも'라는 일본어에서 유래했답니다. 고코이모는 '효행孝行'을 일본어로 발음한 '고코こうこう'와 감자나 고구마 등을 총칭하는 '이모いも'가 합쳐진 말입니다. '식량이 부족할 때 부모에게 드리는 작물'을 뜻하던 고코이모가 우리에게로 와서 고구마가 된 것이죠.

조선은 임진왜란 이후 일본과의 외교를 단절했지만 에도 막부를 세운 도쿠가와 이에야스의 요청으로 외교를 재개했습니다. 이에 조선의 왕은 일본 도쿠가와 막부의 우두머리인 쇼군에게 외교 사절을 보냈는데 이들을 통신사라고 불렀습니다.

1763년, 조선 영조 때의 문신 조엄은 통신사로서 일본에 다녀오는 길에 대마도에 들렀습니다. 그곳에서 생육 기간이 짧고 척박한 땅에서도 잘 자라는 고구마를 보았죠. 식량이 부족해 어려움을 겪는 백성들에게 큰 도움이 될 것이라고 판단한 조엄은 조선으로 고구마를 들여왔습니다.

조선 시대에는 흉년으로 인한 기근 현상이 수시로 일어났습니다. 두

조선은 임진왜란 직후 마무리를 위한 교섭과 포로 교환 등을 위해 일본으로 통신사를 파견했습니다. 하지만 일본에서는 어떠한 외교 사절단도 파견할 수 없었지요. 당시 조선의 통신사가 지나가는 길 곳곳에서 풍악이 울리고 많은 일본인들이 나와 통신사 행렬을 구경했다고 하는데, 일본 내에서 통신사의 위상이 높았던 것으로 보입니다.

번의 전쟁 이후 농지가 크게 줄어든데다, 한여름에 눈이 내린다거나 가을에 대홍수가 일어나는 등 계속되는 이상 기후 현상으로 연이은 흉작이 발생했거든요. 특히 1670년부터 약 2년 동안 일어난 경신대기근과 1695년부터 약 5년 동안 지속된 을병대기근으로 20퍼센트가 넘는 조선의 인구가 사망하면서 굶주린 백성들을 구하기 위한 각종 제도와 정책이 시급한 상황이었죠.

이때 조엄이 대마도에서 가져온 고구마는 귀한 구황 작물이었습니다. 하지만 대마도에서 온 고구마가 한반도 전체로 퍼지는 데에는 한계가 있었습니다. 고구마가 남쪽 지방에서 유독 잘 자랐기 때문에 손쉽게 얻을 수 없었고 값도 싸지 않았거든요. 그래서 보다 쉽게 경작할 수 있는 감자가 더 인기를 끌었고 고구마는 큰 인기를 얻지 못했답니다.

말이 나온 김에 감자에 대해서도 알아볼까요? 감자는 원래 한자어로 '북저北藷' 또는 '토감저土甘藷' 등으로 불렸습니다. 토감저라는 이름에서 감저로, 그러다 다시 감자로 자리 잡게 된 것으로 보입니다. 감자를 북저라고 부른 것은 고구마가 남저라고 불렸기 때문입니다. 이는 앞서 말한 대로 고구마는 남쪽에서 온 작물이었고 감자는 북쪽에서 유입된 작물이었기 때문이죠. 사실 감자가 남쪽에서 유입되었다는 설도 있습니다. 1832년에 영국 상선이 전라도 해안에 머물 때 배에 타고 있던 선교사가 감자를 전파했다고 말이죠. 어쨌든 감자보다 고구마가 먼저 우리나라에 들어오기는 했지만 실제 구황 작물로 각광을 받은 것은 감자랍니다.

+1분 한국사

일본에서 전해져 오늘날까지도 사람들이 즐겨 입는 옷은?

더운 여름에 많이들 입는 남방셔츠. 이 단어는 왠지 모르게 '셔츠'라는 말을 떼고 말해야 더 정확한 단어인 것 같지만 남방과 남방셔츠 모두 표준어랍니다. 그런데 일상생활에서 흔히 사용하는 이 '남방'은 도대체 무슨 뜻이며 어디에서 온 말일까요?

일단 남방을 한자로 옮겨 보면 '南方'이 됩니다. 그러니까 남방셔츠를 글자 그대로 풀이하면 '남쪽에서 온 옷'을 뜻하죠. 즉 한반도보다 기온이 높은 남쪽 나라에서 입는 옷이라는 뜻에서 남방셔츠가 된 것입니다.

또 일본어 '남반南蠻'이 전해지면서 남방으로 발음되었다는 설도 있습니다. 한자어로 남반은 남쪽 오랑캐라는 뜻인데 '외국에서 들어온 수입품'이라는 의미로 많이 사용되었다고 합니다. 일본에서 남반은 옷뿐 아니라 유럽의 선진 문명에서 들어온 문화를 통칭하는 의미로 사용되었는데 우리나라 역시 남방셔츠가 전해졌을 때 외국에서 들어온 고급품이라는 이미지가 강했답니다. 이렇게 보면 두 가지 설 중 서양 문물인 남방셔츠가 일본을 거쳐 말과 함께 한국으로 전해졌다는 두 번째 설에 더 수긍이 가네요.

조선 시대에는 어린아이들도 담배를 피웠다?

tobacco

담배

조선 시대에는 여성들은 물론, 어린아이들도 담배를 즐겼습니다. 하지만 예를 강조한 조선 시대인 만큼 당시 담배를 피우는 사람들은 자신보다 윗사람 앞에서 맞담배를 피우지 않는 등 담배와 관련된 예절을 엄격하게 지켰다고 하네요.

담배는 콜럼버스가 신대륙을 발견한 이후 전 세계적으로 퍼져 나갔습니다. 만약 오늘날 전 세계의 수많은 사람들이 시달리는 담배 중독을 조금이라도 예측했다면 콜럼버스는 과연 토착 원주민에게서 담배를 가져왔을까요?

기록에 따르면 담배가 우리나라에 처음 전래된 시점은 17세기 초입니다. 콜럼버스가 신대륙을 탐험한 것이 1492년인데, 그로부터 100여 년이 흐른 뒤 임진왜란 이후 일본을 거쳐 한반도에 유입되었죠. 『인조실록』에는 "담배는 일본에서 생산되는 풀인데…… 맛은 쓰고 맵다."라는 내용과 함께 1616년경에 담배가 들어왔다는 기록이 있습니다. 조선 후기의 실학자 이규경의 『오주연문장전산고』에도 담배에 대한 언급이 있는 것으로 보아 17세기 초부터 담배가 유행한 것은 분명합니다. 이뿐만 아니라 제주도에서 난파되어 14년간 조선에 머문 네덜란드인 하멜이 고국에 돌아가 출판한 『하멜 표류기』에도 조선은 남녀노소를 가리지 않고 담배를 피운다고 기록되어 있죠.

흥미롭게도 조선 시대에는 여성들은 물론, 어린아이들도 담배를 즐겼다고 합니다. 물론 엄격한 담배 예절도 있었습니다. 조선이 예를 강조한 나라이다 보니 담배에 대한 금기가 있었던 것이죠. 서로 마주 대하고 담배를 피우는 것을 '통죽通竹'이라고 불렀는데 위아래의 구분이 엄하던 조선에서는 이와 같은 맞담배를 용납하지 않았습니다. 물론 담배 냄새를 싫어하는 사람 앞에서 담배를 피우는 것도 예의에 어긋난다고 보았죠.

신윤복의 그림에는 긴 담뱃대를 문 양반들이 참 많이 등장합니다.

그 나라에서는 어린아이들도 4~5세부터 담배를 배우기 시작하고
남녀 간에 담배를 피우지 않는 사람이 극히 드물다.
_『하멜 표류기』 중에서

신윤복의 풍속화에는 담뱃대를 물고 있는 사람들이 종종 나옵니다. 이로 보아 조선 사회에서 담배가 꽤나 유행했던 것으로 보입니다. 〈연소답청〉이라는 제목의 이 그림에서는 기생으로 보이는 여인들이 말 위에 올라앉아 담배를 피우고, 양반 자제들이 시중을 들고 있습니다. 남존여비가 엄격하던 조선 사회에서 보기 드문 광경이 아닌가요?

당시 담뱃대의 길이는 두 자, 즉 60센티미터가 넘었기 때문에 불을 붙이려면 다른 사람이 있어야 했습니다. 보통은 곁에 있던 하인이 불을 붙여 줬지요. 그래서 긴 담뱃대, 즉 장죽을 가지고 다니는 것은 곧 신분이 높다는 증거였습니다.

하지만 1894년에 추진된 갑오개혁으로 장죽이 금지되면서 짧고 실용적인 곰방대가 등장했습니다. 이후 담뱃대는 점점 짧아져 오늘날 가장 일반적인 형태인 궐련으로 변화했죠. 일본인들이 들여온 궐련은 처음에 하얀 담배로 불렸는데, 하얀 종이에 개별 포장된 형태는 당시 가장 실용적이고 선진화된 고급 담배의 표상이었습니다. 궐련을 피우는 것 자체가 새로운 문명의 상징으로 받아들여진 반면에 양반을 상징하던 장죽은 후진적인 전통으로 자리 잡았죠.

국내에서 처음 생산된 궐련 담배의 이름은 '승리'입니다. 1945년 해방 이후에 등장한 승리는 그 이름에서도 유추할 수 있듯이 광복의 기쁨을 표현한 것이었습니다. 이후 등장한 수많은 담배들도 그 이름에 한국의 근현대사를 한마디로 압축해 표현해 왔답니다. 1948년 정부 수립에 맞춰 나온 담배의 이름은 '새로운 시작을 알리는 닭의 울음'을 의미하는 '계명'이었습니다. 이후 '화랑' '아리랑' '새마을' '새나라' '청자' 등의 담배가 출시되었고, 서울올림픽을 앞두고는 '88'이라는 숫자가 붙은 담배가 출시되기도 했습니다. 1990년대 이후부터는 '디스' 같은 영어 이름의 국산 담배가 등장했고요. 이처럼 우리나라 담배의 이름은 시대와 문화를 반영했습니다. 담배 이름이 당시 시대 상황과 맞닿아 있던 셈이죠.

담배는 영어로 '타바코tobacco'라고 합니다. 일본에서는 '다바코'라고 불렸는데, 이것이 한반도로 전해져 '담바고'로 불리다가 오늘날과 같이 '담배'가 되었답니다.

영조는 왜 백성들이 사랑하는 막걸리를 금지했을까?

막걸리

막걸리

막걸리는 쌀이 주원료인 술로
조선의 백성들에게 큰 사랑을 받았습니다.
그런데 1758년에 큰 흉작이 들자 영조는 궁중의 제사에도
술 대신 차를 쓰도록 하면서 전국적으로 금주령을 내렸지요.

전 세계의 다양한 주류가 수입되면서 국내 주류 시장에서 수입 주류가 차지하는 비중도 크게 늘었습니다. 하지만 한국의 대표 전통주 하면 여전히 막걸리가 손꼽힙니다. 쌀, 누룩, 물 이 세 가지 원료로 만드는 막걸리는 벼농사와 함께 태어난 만큼 긴 역사를 자랑합니다. 그러면서도 가장 신선한 술이라고 할 수 있는데 그것은 막걸리가 익는 데 3일이면 충분하기 때문입니다.

이름의 뜻도 쉽습니다. '막 걸러서 먹는 술'이라고 해서 막걸리라고 불렀죠. 막걸리는 이름의 뜻처럼 그 제조 방법 또한 매우 쉽습니다. 주원료인 쌀 중에서도 주로 찹쌀, 멥쌀, 보리쌀 등을 찌고 수분을 제거한 뒤 누룩과 섞어 물을 부어 담기만 하면 됩니다. 그리고 술 항아리에서 술 익는 소리가 들릴 만큼 적당히 발효됐을 때 찌꺼기만 대충 걸러 내면 뽀얀 막걸리가 만들어지죠.

막걸리는 알코올 도수가 대개 5~6도인데다 탄산이 들어 있어 큰 잔에 따라 시원하게 들이켜기 좋습니다. 그래서일까요? 옛적부터 농부들은 일을 잠시 멈추고 새참을 먹을 때나 점심을 먹을 때 막걸리 한 사발씩을 들이켜곤 했답니다. 농사일이나 힘든 집안일을 하다가 마시는 막걸리는 목 넘김이 시원하고 포만감을 줄 뿐만 아니라 영양에도 좋았거든요. 오늘날에도 농사일을 하면서 막걸리를 마시는 모습은 흔히 볼 수 있습니다. 그래서 막걸리를 '농주農酒'라고 부르는 지역이 많답니다.

막걸리는 '탁주濁酒'라고도 불립니다. '맑은 술'을 뜻하는 '청주淸酒'와 대조되는 의미를 가지고 있죠. 청주는 백자로 된 잔이나 놋으로 만든 잔에 부어 마시지만 막걸리는 그 이름만큼이나 소박한 잔에 따라 마셔야 제격입니다. 요즘에는 이리저리 긁히고 찌그러진 값싼 양은으로 만든 주전자와 잔에 부어 마시지만 이조차도 없던 조선 시대에는 바가지에 부어 마셨다고 합니다. 그래서 점잖게 마시는 다른 술에 비해 일부러 흘리면서 마시고 김치나 소박한 반찬을 안주로 먹는 것이 막걸리와 잘 어울리는 것 같습니다.

이처럼 농민과 서민들에게 사랑받던 술이 한때 금지된 적이 있답니다. 조선에서는 가뭄 등으로 쌀이 귀해지면 쌀로 술을 만들고, 그 술을 소비하는 것을 금지했습니다. 큰 흉작이 든 1758년에는 궁중의 제사에도 술 대신 차를 쓰도록 했지요. 일제 강점기에도 집에서 쉽게 만들어 마시던 막걸리를 허가받지 않은 술이라며 금지했고요. 이 덕분에 막걸리는 '비밀리에 만들어 먹는 술'을 의미하는 '밀조주'라는 오명을 쓰기도 했답니다.

해방 후 막걸리는 다시 등장했습니다. 하지만 전통적인 주재료인 쌀 대신 밀가루로 술을 빚으며 맛이 전과 달라지자 예전만큼 사람들이 찾지 않았습니다. 1971년에 전통적인 방식으로 막걸리를 제조하는 것이 다시 허용되었지만 인기는 예전 같지 않았습니다. 맥주, 양주, 소주, 와인 등에 밀려 찾는 사람이 많지 않았거든요. 최근 들어 각 지방의 특색 있는 방식으로 제조된 막걸리가 출시되면서 소비자들로부터 다시 인기를 얻고 있습니다. 여러 가지 와인을 모아 놓고 판매하는 와인 바처럼 여러 지역을 대표하는 막걸리들을 한데 모아 즐길 수 있게 한 막걸리 바도 성업 중이지요. 이뿐만 아니라 한류 열풍을 타고 해외 여러

나라에도 수출되고 있다고 하니, 과연 막걸리 르네상스 시대라고 할 만합니다.

+1분 한국사

옛날에는 동동주에 개미가 떠다녔다고?

동동주는 경기 지방의 민속주로 재료나 초기 제작 과정은 막걸리와 동일합니다. 사실 겉으로 보면 맛이나 빛깔이 비슷해 동동주가 막걸리와 무엇이 다른지 아리송해하는 사람들도 많지요. 쉽게 정리하자면 밥알이 동동 뜨면 동동주랍니다. 때문에 동동주라는 이름으로 불리고 있는 것이죠. 사실 같은 양으로 더 많은 술을 얻기 위해 물을 많이 넣어 생긴 현상인데, 숙성이 더 진행되면 떠다니던 밥알도 다시 가라앉습니다. 고려 후기의 학자 이색은 동동주를 보고 개미가 떠있는 것 같다고 해서 '부의주浮蟻酒'라고 이름을 붙이기도 했답니다.

조선은 1876년, 강화도 조약을 시작으로 문호를 개방합니다. '양배추' '탕수육' 같은 외국 음식들이 유입되고, 최초의 전구가 점등되는 등 근대화가 본격적으로 시작되지요. 하지만 안팎으로 밀려드는 외세의 공격에 어영부영 대처하다가 국권을 빼앗기고 맙니다.

5.

강제로 열린 문 그리고 근대화의 시작

탕수육_糖醋肉

땡전_당백전

어영부영_御營非營

양배추_洋-

전기_電氣

독도_돌섬

코끼리_코끼리

버스_omnibus

트로트_fox trot

호떡_胡-

개판 5분 전_開-

탕수육은 원래
중국 전통 음식이 아니다?

糖醋肉

탕수육

아편 전쟁으로 많은 유럽인들이 청나라에 들어왔습니다.
그리고 중국인들은 유럽인들의 입맛에 맞추기 위해
향신료를 빼고 단맛과 신맛이 나는 튀긴 고기를 선보였죠.
이것이 바로 탕수육의 시작이랍니다.

오늘날 어느 동네에서나 흔하게 볼 수 있는 중국집. 집에 편히 앉아 전화만 하면 눈 깜짝할 새 따끈한 짜장면, 짬뽕, 탕수육 등을 가져다줍니다. 하지만 일제 강점기부터 해방 전후의 세대들에게 중국집은 쉽게 드나들 수 없는 곳이었습니다. 당시 청나라의 요리는 매우 고급 요리에 속했거든요.

이런 고급 요리가 널리 보급된 것은 1960년대부터입니다. 사람들이 점차 전쟁의 그늘과 가난에서 벗어나면서 소위 외식 문화가 생겨나 일반 사람들도 짜장면과 탕수육을 사 먹을 수 있게 된 것이죠. 물론 일상적으로 먹는 음식은 아니었습니다. 특별한 날에만 먹을 수 있었죠. 오늘날처럼 쌀가루를 입힌 찹쌀 탕수육이나 북경식 탕수육은 구경하기도 어려웠습니다. 그랬던 것이 불과 몇십 년 전인데 이제는 돼지고기나 쇠고기 대신 도미를 튀긴 탕수어까지 주문해 먹다니 세상이 많이 바뀌었습니다.

탕수육은 중국식 한자어로 '糖醋肉'이라고 쓰는데 '엿 탕糖'과 '식초 초醋', '고기 육肉'이 합성된 말입니다. 이를 중국식으로 발음하면 '탕추러우'라고 하지요. 탕수육을 글자 그대로 해석하면 '달고 신맛 나는 고기'라는 뜻인데 탕수육의 영어식 표현인 '스위트 앤 사워 포크Sweet and Sour Pork'를 살펴보면 쉽게 이해할 수 있습니다. 여기서 흥미로운 것은 쇠고기인 '비프Beef'가 아니라 돼지고기인 '포크Pork'를 쓴다는 점입니다. 중국에서는 고기 하면 보통은 돼지고기를 꼽습니다. 그래서 이름에 '고기 육肉' 자가 들어가는 음식은 모두 돼지고기로 만든 것이죠. 쇠고기의 경우에는 우육牛肉, 닭고기의 경우에는 계육鷄肉이라고 따로 구분하고 있습니다.

탕수육의 유래에는 중국인들이 수치스럽게 생각하는 아편 전쟁이 연관되어 있습니다. 18세기에 영국은 청나라로부터 차, 도자기 등을 구입하면서 아편을 청나라에 판매했습니다. 이렇게 유입된 아편이 여러 가지 사회적인 문제를 일으키자 청나라는 아편을 몰수해 폐기했죠. 이를 빌미로 영국은 1840년에 전쟁을 일으켰습니다. 그리고 자국을 세계의 중심이라고 자만한 청나라는 이 전쟁에서 크게 패하고 말았습니다. 그 결과 홍콩을 내주고, 다섯 개의 항구를 개방하게 되죠.

이후 영국인을 비롯한 여러 유럽인들이 청나라로 들어왔고, 그들이 자신들의 입맛에 맞는 음식을 찾는 과정에서 탕수육이 탄생했습니다. 진한 향이 나는 중국 향신료를 쓰지 않고 가장 보편적인 맛인 단맛과 신맛을 섞으니 유럽인들의 입맛에도 잘 맞았던 것이죠. 게다가 집어 들기 편한 크기로 고기를 잘라 튀겨 낸 것도 탕수육의 인기 비결 중 하나였습니다. 젓가락질이 익숙하지 않은 유럽인들이 쉽게 집을 수 있었을 뿐만 아니라 포크로도 먹을 수 있었거든요. 이렇게 탄생한 탕수육이 우리나라에 들어온 것은 임오군란 이후 정착한 청나라의 화교들이 중국집을 운영하기 시작하면서부터였습니다.

이제는 탕수육을 언제든 쉽게 먹을 수 있게 되었습니다. 하지만 입학식이나 졸업식처럼 특별한 날이면 어김없이 짜장면과 탕수육이 생각나는 사람들이 있습니다. 그런 것을 보면 탕수육은 시간이 흘러도 변함없이 사랑받는 음식으로 자리를 잡은 듯합니다.

날로 치솟던 흥선 대원군의 인기가
왜 한순간에 곤두박질쳤을까?

당백전

땡전

흥선 대원군은 왕실의 위엄을 회복하기 위해 경복궁을 보수합니다.
그리고 재정을 확충하기 위해 당백전을 발행하는데
이로 인해 물가가 치솟아 백성들의 생활이 궁핍해지죠.
결국 흥선 대원군을 향한 백성들의 원망이 날로 치솟게 됩니다.

"땡전 한 푼도 없다!"고 말할 때 쓰는 '땡전'은 조선 시대에 사용된 '당백전'이라는 돈 이름에서 유래했습니다. 아주 적은 돈을 가리키는 말이지요. 한국사를 배운 사람들이라면 알겠지만 당백전을 이야기하려면 먼저 흥선 대원군부터 이야기해야 합니다. 흥선 대원군의 지시로 당백전을 만들었거든요.

역사에 전면으로 등장하는 인물은 대개 좋든 싫든 파란만장한 인생을 살고 갑니다. 흥선 대원군도 예외는 아니었죠. 그래서인지 흥선 대원군은 19세기 한반도 역사에서 가장 중요한 연구 대상으로 꼽히며 사극 드라마에도 자주 등장합니다. 조선에는 스물일곱 명의 왕이 있었습니다. 그들 대부분은 아버지가 왕이었지만 제26대 왕인 고종은 아버지가 왕이 아니었습니다. 제25대 왕인 철종이 후사 없이 죽자, 먼 친척인 고종이 어린 나이에 왕위에 올랐거든요. 먼 친척으로서 왕위를 이은 임금의 친아버지에게는 대원군이라는 호칭이 붙었으므로 고종의 아버지 이하응도 흥선 대원군에 봉해졌습니다. 사실 흥선 대원군 외의 다른 대원군들이 역사의 전면에 등장하지 않아서인지 보통 대원군 하면 흥선 대원군을 지칭한답니다.

흥선 대원군은 어린 고종을 대신해 정치적 실권을 장악했습니다. 그리고 순조 이후 60여 년간 권력을 누려 온 세도 가문을 배척하고 당파에 관계없이 인재를 등용해 왕권을 강화하고자 했습니다. 그래서 세도 가문의 정치적 기반이던 비변사를 폐지하고 원래 조선 시대 최고의 행정 기관이던 의정부의 기능을 회복시켰죠. 그뿐만 아니라 농민들의 생활을 안정시키기 위해 세금 제도를 개혁하고 각종 폐단을 낳

❖❖❖
흥선 대원군은 19세기에 들어 안팎으로 위기에 처한 조선의 국권을 회복하고자 여러 방면으로 노력한 개혁가입니다. 하지만 보수적인 국수주의자로 비판을 받기도 합니다.

던 서원을 대폭 정리해 마흔일곱 개만 남김으로써 국가 재정을 확충하기 위해 노력했습니다.

또 왕실의 위엄을 회복하기 위해 임진왜란 때 불탄 경복궁을 보수하기도 했습니다. 이 과정에서 등장한 것이 바로 땡전이라고 불린 당백전입니다. 사실 경복궁은 태조 이성계에 의해 조선의 정궁으로 세워졌지만 왕자의 난과 화재 등 여러 흉한 일들이 겹쳐 방치되어 있었습니다. 왕들은 창덕궁에 머무르며 나라를 통치하고 있었죠. 흥선 대원군은 경복궁을 재건함으로써 이성계가 세운 이 나라를 바로 세우고, 19세기 조선 사회의 혼란을 해결하고자 했습니다. 당시 삶이 피폐해진 백성들이 전국 각지에서 농민 봉기를 일으키며 정부의 무능을 비판하고 있었는데 흥선 대원군은 이를 경복궁 재건으로 무마하려고 했던 것입니다.

하지만 흥선 대원군을 향한 백성들의 원망은 하늘을 찌르게 됩니다. 궁을 다시 지을 돈이 없자 흥선 대원군이 당백전을 발행했는데, 이로 인해 돈의 가치가 떨어지고 물가는 계속 올랐기 때문이죠. 당시 당백전의 가치는 실제 가치의 20분의 1까지 떨어졌다고 합니다. 백성들의 삶이 더욱 어려워진 것은 두말할 필요도 없었죠. 경복궁 재건에 동원된 인부들 역시 마찬가지였습니다. 당백전으로 돈을 받았기 때문입니다. 그러다 보니 백성들 사이에서 주머니에 돈이 하나도 없다는 뜻으로 "땡전 한 푼도 없다!"라는 말이 퍼져 나갔습니다. 이는 흥선 대원군을 향한 조롱이기도 했지요.

그런데 요즘에는 신용카드 사용이 늘면서 현금, 특히 동전을 들고 다니는 사람이 사라져 가고 있습니다. 이러한 추세를 볼 때 만약 현금을 대체해 전자 화폐가 상용화된다면 "땡전 한 푼 없네!"라는 말은 어떻게 변할까요?

어영부영하던 사람들이 뜻을 모아 나라를 흔들었다고?

御營非營

어영부영

1882년, 항상 사람들로부터 손가락질당하던 구식 군인들이 모여 폭동을 일으켰습니다. 이 일로 황후는 도망가고 나라의 정권이 바뀔 뻔했죠. 어영부영하다가 나라를 잃어버릴 지경에 이른 것입니다.

지금까지 살면서 학교 선생님이나 부모님으로부터 한번쯤은 이런 말을 들어 보지 않았나요? "정신 차려, 정신 똑바로 차리라고!" 학교를 졸업하면 이 소리를 안 들을까요? 어쩌면 사회에 나가서도 들을지 모르겠습니다. 저는 군대에 가서도 '정신' 하면 '통일'을 외치면서 여러 번 기합을 받았답니다. 정신 차리라는 소리를 하도 많이 들어서 혼자 있을 때도 스스로에게 "앗, 정신 차려야지."라고 속으로 외치곤 하죠.

그런데 제대로 정신 차리지 못하는 사람들을 얕잡아 봐서는 안 된답니다. 오히려 그런 사람들이 똘똘 뭉치면 큰일을 벌이기도 하거든요. 역사적으로도 그러한 예가 있었죠. 바로 1882년 6월에 일어난 임오군란입니다.

많은 사람들이 군대라고 하면 강한 정신력으로 무장하고 일사분란하게 움직이는 군인들을 생각하기 마련입니다. 하지만 19세기 조선 사람들의 생각은 달랐습니다. 조선은 1876년에 일본과 맺은 강화도 조약을 시작으로 점차 외국과 외교 관계를 맺었습니다. 이 과정에서 고종은 새로운 시대에 맞게 전통 군대 조직을 개편하고 신식 군대인 별기군을 창설하죠. 기존의 5군영이 2군영으로 통합되면서 많은 군인들이 실직했고, 그나마 남아 있던 군인들도 오랫동안 급료를 받지 못한 채, 차별 대우를 받았습니다. 급료를 받지 않으니 자연스레 일을 제대로 하지 않게 되었고, 사람들은 군기가 빠져서 형편없는 군인들의 모습을 비꼬며 '어영비영御營非營'이라고 했습니다. '영'은 당시 조선의 군영 중 하나인 어영청을 지칭하는 말로, 어영비영을 한자 그대로 풀

❖❖❖
당시 구식 군대인 무위영이 일본 공사관을 습격하는 장면이에요. 무위영은 일본 공사관에 불을 지르고 일본 순사 등 13명의 일본인을 죽였답니다.

이하면 '어영도 아닌, 군대 같지도 않은 사람들'이라는 뜻이죠. 이것이 발음하기 편한 대로 '어영부영'으로 바뀌며 '뚜렷하거나 적극적인 의지가 없이 되는 대로 행동하는 모양'을 의미하게 되고 오늘날까지 전해졌습니다.

한편 최신식 무기로 무장하고 좋은 대접을 받던 별기군에 비해 형편없는 군인으로 인식되던 구식 군인들은 13개월 만에 급료를 받았습니다. 하지만 지급된 쌀에는 겨와 모래가 반 이상 섞여 있었죠. 더 이상 참을 수 없던 구식 군인들은 결국 폭동을 일으켰습니다. 군인들의 급료를 배급하던 선혜청을 파괴하고 당시 선혜청 당상이던 민겸호의 집까지 쳐들어갔죠. 그러고는 운현궁에 머물고 있던 흥선 대원군을 찾아가 도움을 요청했습니다. 당시 정권에서 배척되고 있던 흥선 대원군은 명성황후와 일본 세력을 밀어낼 기회라고 생각하고 구식 군대의 폭동을 지원했습니다. 이로써 단순히 처우에 대한 억울함과 분노에서 시작된 폭동은 정치적인 성격을 띄게 되었죠.

홍선 대원군의 지원에 힘을 얻은 구식 군인들은 별기군을 훈련시키던 일본군 소위와 몇몇 일본 순사들을 죽이고 일본 공사관에도 불을 질렀습니다. 그리고 창덕궁까지 쳐들어갔습니다. 이에 명성황후는 위기를 느끼고 몰래 궁을 빠져나가 충주 장호원까지 피신을 갔죠. 결국 고종은 흥선 대원군에게 사태 수습에 관한 권한을 넘겼습니다.

이 사건으로 흥선 대원군은 다시 정권을 잡는 듯했으나 한 달만에 청나라의 개입으로 재집권에 실패하고 톈진으로 끌려갔습니다. 일본 정부는 일본 공사관의 파괴와 인명 피해를 구실 삼아 임오군란의 주모자를 처벌할 것과 손해 배상을 요구했죠. 결국 한반도는 청나라와 일본의 세력 다툼, 보수 세력과 개화 세력 간의 갈등으로 점점 혼란에 빠져들고 맙니다. 그야말로 조선은 어영부영하다가 어영부영하던 사람들에게 피해를 입고 나라를 잃을 지경에 이른 것입니다.

min +1분 한국사

중국집의 대표 메뉴인 짜장면은 중국 음식이 아니다?

한국인이 사랑하는 대표 배달 음식, 짜장면. 하루 동안 전국 2만 4000여 곳의 중국집에서 팔리는 짜장면 수를 세면 600만 그릇이나 된다고 합니다. 정말 믿기 어려운 통계죠? 이렇게 우리나라 사람들이 즐겨 먹는 음식인 짜장면은 과연 중국 음식일까요, 한국 음식일까요? "중국집에서 시켜 먹으니까 중국 음식이죠!"라고 대답할지 모르겠지만 실제로 중국에 가면 우리나라에서 먹는 짜장면을 찾아볼 수 없답니다.

짜장면이 중국에서 유입된 것은 사실입니다. 오늘날 짜장면의 원조는 중국 산둥식 '작장면炸醬麵'이죠. 임오군란이 일어나자 민씨 일가는 청나라에게 군대를 파견해 줄 것을 요청했습니다. 그때 청나라 군인들과 함께 따라 들어온 상인들이 군대가 물러가고 난 뒤에도 조선에 남아 중국 음식, 즉 청나라 요리를 팔았습니다. 이때 산둥식 작장면이 들어온 것이죠. 작장면은 이름 그대로 장을 볶아 면에 비벼 먹는 음식입니다. 하지만 우리가 먹는 오늘날의 짜장면과는 다릅니다. 우리나라의 짜장면 소스는 춘장으로 만들지만 작장면 소스는 감면장으로 만들어 한국의 짜장면과 다르게 색이 갈색에 가깝거든요.

그렇다면 한국식 짜장면은 어떻게 생겨났을까요? 임오군란 이후 화교들은 당시 조선 정부와의 조약에 의해 제물포항 근처에만 살았습니다. 바로 지금의 인천 차이나타운이죠. 정확하게 증명되지는 않았지만 1905년부터 화교들이 짜장면을 팔기 시작했는데, 공화춘이라는 가게에서 최초로 짜장면을 팔았다고 합니다. 그리고 한국식 짜장면이 최초로 등장한 시점은 화교인 왕송산이 '사자표'라는 이름으로 한국식 춘장을 판매하면서부터였지요. 한국식 짜장면에는 산둥식 작장면과 달리 춘장에 단맛을 내는 캐러멜을 첨가하고 돼지고기와 양파 등을 넣어 묽게 만든 짜장 소스를 사용해요. 이것이 등장하고 나서부터 우리나라 사람들도 짜장면을 찾기 시작했고, 여기에 미국의 원조로 밀가루가 들어오면서 짜장면은 국민 음식의 반열에 오르게 되었죠.

우리가 즐겨 먹는 서양 채소들은
언제 본격적으로 들어왔을까?

洋-

양배추

1884년에 보빙사로서 미국에 간 최경석은
미국의 한 농장을 방문하고 난 뒤 우리나라에도 새로운 농업 기술과
농장이 필요하다고 여겼어요. 그래서 조선으로 돌아오자마자
농무목축시험장을 만들고 새로운 농기구로 서양의 종자들을 재배했답니다.

양배추는 '배추'에 서양을 뜻하는 '양洋' 자를 붙인 말로, '바다 건너 외국에서 들여온 배추'라는 의미입니다. 똑같은 맥락으로 양파 역시 '서양에서 들여온 파'라는 뜻이죠. 우리에게 너무도 친숙한 이 양파는 이름이 가진 의미대로 서양에서 들여온 채소입니다. 하지만 그 원산지에 대해서는 정확히 중동인지, 지중해 연안인지, 서아시아인지 아직도 갑론을박입니다. 다만 인류가 양파를 먹기 시작한 것은 고대 이집트 시대이며 한반도에 양파가 들어온 것은 조선 말엽이라고 추정할 뿐이죠.

다시 양배추 이야기로 돌아가서, 양배추가 처음 우리나라에 들어온 것은 1884년 망우리 근처에 '농무목축시험장'이 들어선 다음으로 보입니다. 이 시험장은 고종이 조선의 농업 개량을 위해 미국의 농기구를 이용해 각종 농작물 종자를 시범적으로 재배한 곳으로, 양배추, 콜라비, 케일 등이 이곳에서 재배되었습니다. 서양에서 들여온 말, 젖소, 양들도 이곳에서 사육되었죠.

이러한 배경에는 1882년에 조선과 미국이 체결한 조미 수호 통상 조약이 있습니다. 조약 체결 이후 최초의 주한 공사인 루시우스 푸트가 내한해 고종을 만났고 이 만남 이후 양국 간 친선을 위해 '보빙사'라고 불리던 사절단이 미국으로 파견되었습니다. 보빙사란 '답례로 보내는 사절단'이라는 뜻으로 루시우스 푸트가 온 것에 대한 답례로 파견한 사절단이었죠. 농무목축시험장을 만들고 관리 및 감독한 최경석은 이 보빙사의 일원이었습니다. 그러니까 양배추는 조미 수호 통상 조약과 미국으로 파견한 보빙사가 없었다면 당시로서는 상상도 할 수 없던 채소인 셈입니다.

보빙사에 관해 좀 더 살펴볼까요? 전권 대사 민영익, 부대신 홍영식, 종사관 서광범 등 11명의 보빙사 사절들은 1883년 주한 공사 푸트가 주선한 미 군함을 타고 제물포항을 출발했습니다. 이때 조선인 외에도 중국인, 일본인, 미국인들이 함께 출발했는데 이는 당시의 복잡한 통역 방식 때문이었답니다. 영어를 우리말로 직접 통역할 사람이 없어 미국 대통령이 영어로 말하면 그것을 중국어로 통역한 뒤 다시 우리말로 통역하기 위해서였죠. 보빙사 일행은 일본 요코하마에 도착한 다음, 다시 태평양 횡단 여객선을 타고 미국으로 향했습니다. 그리고 제물포항을 떠난 지 한 달 반 만에 미국 샌프란시스코에 도착했습니다. 여기서 다시 8일간의 기차 여행을 한 뒤에야 뉴욕에서 당시의 미국 대통령 체스터 A. 아서를 만나 신임장을 제정받을 수 있었죠.

미국 대통령과 만난 이후 보빙사 일행은 미국 내의 다양한 시설들을 방문하고 참관했습니다. 보스턴에서 개최된 세계 박람회를 비롯해 병원, 신문사, 사관 학교, 소방서, 우체국, 시범 농장, 전신 회사 등을 시찰했죠. 이를 바탕으로 조선에서는 여러 개화 정책들이 실시되었습니다. 농무목축시험장도 미국의 월콧 모범 농장을 방문한 뒤 새로운 농업 기술과 농장 설치의 필요성을 느껴서 만들어진 곳이죠. 그러나 최경석이 요청한 미국 농업 기술자와 교사가 제대로 파견되지 않은데다, 1888년에 최경석이 갑작스럽게 세상을 떠나면서 최초의 근대 모범 농장으로 출발한 농무목축시험장은 쇠락의 길로 접어들고 맙니다.

우리가 현재 즐겨 먹는 양배추는 19세기 말에 신문물이 도입되는 과정에서 처음 소개된 종자와 같지는 않을 겁니다. 하지만 최경석처럼 농업에 남다른 관심을 가진 사람들이 있었기에 오늘날 우리가 양배추 등의 다양한 서양 채소를 먹을 수 있게 된 것은 분명합니다. 이러한 배경을 알고 양배추를 먹는다면 왠지 예전과 다른 맛이 날 것 같지 않나요?

min +1분 한국사

도우미는 대전 엑스포 공모전을 통해 만들어진 단어다?

보빙사 일행이 관람한 보스턴 세계 박람회처럼 국가적 단위로 열리는 박람회는 월드컵이나 올림픽만큼 영향력이 큰 국제 행사로, 문화·경제·기술의 발전 과정과 미래상을 선보입니다. 영국 런던에서 1851년에 최초로 열린 만국 박람회부터 1889년에 프랑스 혁명 100주년을 기념하며 에펠탑을 선보인 파리 세계 박람회까지 박람회는 언제나 세계의 이목을 끌었습니다.

우리나라에서도 1993년에 처음으로 세계 박람회가 열렸습니다. 바로 대전 엑스포죠. 1993년 8월 7일부터 그해 11월 7일까지 열린 이 엑스포에는 1400만 명에 가까운 관람객이 다녀갔다고 합니다. 정말 어마어마한 숫자죠? 주최 측은 수많은 관람객들이 엑스포를 제대로 관람할 수 있도록 돕기 위해 전문 안내원을 배치했습니다.

그리고 흥미롭게도 전문 안내원에 대한 명칭을 공모했죠. 그 결과 '도우미'라는 용어가 채택됐습니다. '도움'과 '이'를 결합함으로써 그 역할과 의미를 쉽게 이해할 수 있도록 잘 만든 명칭이죠. 하지만 그 뜻을 찬찬히 살펴보면 불편한 진실을 마주하게 됩니다. 당시 도우미는 '엑스포 회장에서 관람객을 도와주고 불편을 해소해 주는 우아하고 아름다운 미인'을 뜻했거든요. 남자가 도우미가 되지 말라는 법도 없고, 꼭 우아하고 아름다운 미인만이 할 수 있는 역할이 아니었는데, 그와 같이 의미를 한정하다니 참 불편한 공모전이었네요.

한반도에서 최초로 전기가 들어온 곳은 어디일까?

電氣

전기

서양의 신문물에 관심이 많던 고종은
에디슨 전기 조명 회사에 연락했습니다.
그리고 1887년 3월 6일 저녁, 경복궁 내 건천궁에
불이 들어오지요. 동아시아 최초의 점등이었습니다.

여러분은 전기가 없는 세상을 상상할 수 있나요? 전기가 사라지면 컴퓨터의 전원이 꺼지고, 스마트폰은 충전할 수 없게 될 것입니다. 또 엘리베이터와 지하철이 멈추면서 어떻게 이동해야 할지 막막해질 테고, 냉장고를 사용할 수 없어 더 이상 식품을 신선하게 보관할 수 없을 것입니다. 병원에서 생명 유지 장치로 간신히 숨 쉬고 있는 환자들은 또 어떻고요? 전기가 없다면 일일이 상상하기 어려울 만큼 불편할 겁니다. 하지만 조선 시대만 해도 전기는 일반 백성들이 이해하기 어려운 성질의 것이었습니다. 없어도 전혀 불편하지 않았죠.

누구나 전구 하면 공통적으로 떠올리는 인물이 있습니다. 바로 토머스 에디슨이죠. 그는 1879년에 세계 최초로 상업적으로 실용화할 수 있는 백열전구를 만들었습니다. 그리고 자신의 이름을 따서 에디슨 전기 조명 회사를 설립했죠. 시간이 흘러 에디슨의 발명품은 한반도에까지 전해졌습니다. 바로 경복궁 내 건청궁으로 말이에요. 당시 서양의 신문물에 관심이 많던 고종은 전기에도 관심을 보이며 에디슨의 전기 회사에 연락했습니다. 이에 전기 기사가 입국해 건천궁 앞 향원정의 물을 끌어다 쓰고 석탄을 동력으로 하는 증기 발전기를 설치했죠. 그리고 1887년 3월 6일 저녁, 건천궁에 동아시아 최초의 전깃불이 들어왔습니다. 그야말로 역사적인 사건이었죠.

'전기電氣'라는 단어가 언제 처음 사용되었는지는 정확하게 알 수 없습니다. 다만 『조선왕조실록』에 '한성 전기 회사*'의 이름이 실렸다

* 전차, 전등, 전화 사업을 위하여 1898년 1월에 서울에 설립된 전기 회사.

는 점과 전기를 활용한 전차 운행을 언급했다는 점을 통해 당시에 이미 '전기'라는 단어가 사용되고 있었음을 알 수 있습니다.

한편 전등을 켜려면 시끄럽고 돈이 많이 들어 항간에서는 전기를 '건달불'이라고 불렀다고 합니다. 또 향원정의 물을 끌어다 쓰는 바람에 수온이 올라가 물고기가 죽어 떠오르자 어떤 이들은 고기를 끓인다는 뜻으로 '증어蒸漁'라고 부르기도 했다네요.

고종은 에디슨의 회사에서 파견한 전기 기사가 설치한 전등에 만족하지 않고 보다 적극적으로 전기 사업을 구상했습니다. 전기를 이용해 전등과 전차, 전화를 설치하는 한성 전기 회사를 설립한 것이죠. 이것은 양배추를 가져온 보빙사 일행의 신문물에 대한 보고가 있었기 때문에 가능한 일이었습니다.

고종이 세운 한성 전기 회사 덕분에 1899년 5월부터 조선 최초의 전차가 동대문과 홍화문 사이를 달리기 시작했습니다. 동대문 전등 발전소도 설립되어 한성 전역에 전등이 점화되었죠. 이뿐만 아니라 새롭게 시작된 영화 사업이 당시 사람들의 눈을 사로잡기도 했습니다. 새로운 문물에 관심이 많던 조선인들에게 필름 영사기의 빛으로 재현되는 스크린 위의 세상은 놀라움 그 자체였을 것입니다.

한성 전기 회사는 1904년에 보다 풍부한 기술과 자본력을 가지고 있던 미국인 콜브란과 보스트위크에게 회사의 소유권을 넘기며 한미 전기 회사로 이름을 변경했습니다. 그러다 1909년에 콜브란이 회사를 일본에게 매도함으로써 한성 전기 회사는 완전히 사라졌지요.

한성 전기 회사에 의해 거리를 달리던 전차는 이제 흔적조차 찾기

1910년대 한성 전기 회사 위에서 찍은 종로 일대의 전경입니다.
시내 전차는 1969년까지 사진의 중앙에 보이는 선로를 달리다가
역사 속으로 사라졌습니다.

어렵습니다. 서대문에 있는 서울 역사 박물관 앞뜰에나 가야 그 모습을 확인할 수 있지요. 사진 속에 남아 있는 당시의 전차는 지금의 기준으로 보면 웃음이 나올 만큼 느리고 불편한 것이었지만 당시만 해도 장안 모든 사람의 관심을 끌었다고 합니다.

+1분 한국사

전기가 있기 전에 사람들은 무엇으로 어두운 방을 밝혔을까?

'양초洋燭'는 글자 그대로 풀이하면 '바다 건너온 촛불'이라는 뜻입니다. 우리 선조들은 굳힌 기름에 심지를 박은 초를 사용해 오고 있었습니다. 그러다가 기름 대신 파라핀 왁스에 개량한 심지를 박은 서양의 초가 수입되면서 둘을 구분하고자 서양의 초를 양초라고 불렀죠.

양초가 등장하기 전의 초는 워낙 고가였기 때문에 일반 백성들은 물론, 왕가에서도 함부로 쓰기 어려웠다고 합니다. 이처럼 귀하던 초는 재료의 특성상 오늘날까지 잘 남아 있지 않는데, 그 대신 안압지에서 출토된 초 전용 가위나 지금까지 발견된 여러 모양의 토기 등잔을 통해 적어도 삼국 시대부터 초를 사용했음을 알 수 있습니다.

전기가 보급된 이후부터는 촛불로 집안이나 거리를 밝히는 일이 거의 없습니다. 하지만 촛불을 들고 집회에 나설 때나 기분 좋은 향이 나는 향초로 심신을 안정시킬 때 그리고 케이크 중앙에 초를 꽂고 생일을 축하할 때를 생각해 보면 초는 앞으로도 계속 우리 삶에 함께할 듯합니다.

독도는 노래 가사와 달리 외로운 섬이 아니라고?

돌섬

독도

독도는 동도와 서도 두 개의 섬과
여든아홉 개의 크고 작은 바위들로 이루어져 있습니다.
"울릉도 동남쪽 뱃길 따라 87K 외로운 섬 하나 새들의 고향"이라는
유명한 노랫말과 달리 전혀 외롭지 않은 섬이지요.

"울릉도 동남쪽 뱃길 따라 87K(팔칠케이)……독도는 우리 땅." 가사가 조금 바뀌기는 했지만 대한민국 사람이라면 모두가 이 노래를 알고 있습니다. 이 노래의 주인공이자 매년 10월 25일의 주인인 독도에 대해 여러분은 얼마나 알고 있나요? 그리고 일본은 왜 독도를 다케시마라고 부르며 자신들의 땅이라고 우기는 걸까요?

'독도獨島'의 뜻을 풀이하면 '한반도 가장 동쪽 끝에 자리한 외로운 섬'입니다. 그러나 '독도'라는 이름의 뿌리는 '돌섬'입니다. 순우리말인 '돌섬'이 '독섬'으로 불리다가 오늘날의 '독도'가 된 것이죠. 여기서 '독'은 돌의 옛 방언입니다. 그래서 아직도 나이가 많은 경상도 지역 사람들은 독도를 독섬이라고 부른다고 합니다.

독도는 이름대로 우뚝 솟아오른 바위섬이지만 동쪽에서 가장 외롭지는 않답니다. 동도와 서도 두 개의 섬과 여든아홉 개의 크고 작은 바위들로 이루어져 있거든요. 또 독도는 울릉도와 매우 가까워 날씨만 좋으면 울릉도에서도 보인다고 합니다. 독도의 주소도 경상북도 울릉군 울릉읍 독도리 산 1~96번지랍니다. 최근 바뀐 도로명 주소로는 독도 등대가 '경상북도 울릉군 울릉읍 독도이사부길 63'이고 독도 경비대 막사는 '독도이사부길 55', 그리고 주민 숙소는 '독도안용복길 3'이라고 하네요.

울릉도와도 이렇게 가까이에 있는 것을 보면 독도는 분명 지리적으로 우리나라 영토에 속하는 것이 맞습니다. 하지만 일본은 독도를 다케시마라고 부르며 시마네현의 일부로 병합했습니다. 그리고는 2월 22일마다 시마네현에서 '다케시마의 날'을 축하합니다. 일본은 왜 독도가 자신들의 땅이라는 주장을 굽히지 않는 걸까요? 일본이 주장하는 근거들은 다음과 같습니다. 첫째, 자신들이 독도를 먼저 알았다는 것. 둘째, 1905년에 대한 제국이 일본에 외교권을 빼앗겼을 때 주인이 없던 독도를 일본 영토로 정식 등록했다는 것. 셋째, 광복 후 일본이 우리나라의 영토를 반환할 때 독도를 반환한다는 조항이 없었다는 것 등입니다.

일본의 주장은 일방적입니다. 하지만 우리가 이에 대해 정확히 반박하기 위해서는 일본인들의 주장을 조목조목 따져 보아야 합니다. 우선 일본이 우리보다 먼저 독도를 알았다고 주장하는 시기는 대략 17세기 전후입니다. 하지만 고려 시대에 발간된 『삼국사기』에 이미 512년에 신라 지증왕이 울릉도와 독도에 있던 고대 소국인 우산국을 점령해 신라에 편입시켰다는 기록이 있습니다. 조선 시대의 사료에도 3년에 한 번씩 울릉도와 그 주변 섬에 관리를 보내 살폈다는 기록이 있죠. 울릉도와 독도를 두고 '두 섬은 조선의 영토'라고 언급한 일본의 문서도 있고요.

1905년에 조선이 외교권을 빼앗겼을 당시 일본이 자신들의 영토로 독도를 병합했다는 주장도 성립하기 어렵습니다. 일본인들이 독도와 울릉도에서 불법으로 벌목하고 거주하는 것에 대한 고발이 국내 안팎으로 이어지면서 고종이 1900년에 대한 제국 칙령 제41호를 통해 독도가 대한 제국의 영토임을 명확하게 명시했기 때문이죠. 마지막으로 식민지를 반환하는 조항에 독도가 들어 있지 않았다는 주장 역시 반환 문서에 수천 개의 섬 이름을 모두 넣어야 한다는 억지로밖에 들리지 않습니다. 일본은 이밖에도 수많은 억지 주장으로 독도가 자신들의 영토라고 주장하지만 우리 역시 반박할 자료를 충분히 가지고 있답니다.

어떤 사람들은 '바위섬 하나 가지고 너무 논쟁할 필요가 있을까?'라고 반문하며 방관합니다. 하지만 독도를 넘겨주는 것은 단순히 섬 하나를 넘겨주는 것에서 그치지 않는답니다. 독도 주변의 바다 영토와 영공 영토 그리고 거기에 속한 천연 자원까지 넘기는 것이죠. 사실 이런 이유로 일본 역시 독도가 자기들의 영토라고 계속 주장하는 것입니다. 그렇다고 너무 걱정하지는 마세요. 지금 이 순간에도 대한민국의 경찰들이 엄연히 독도를 지키고 있거든요.

한국 최초의 동물원은
왕이 사는 궁전에 만들어졌다?

코끼리

코끼리

일본은 순종을 위로한다는 핑계로 왕권을 약화시키고자
순종이 머물던 창경궁 내 유서 깊은 곳들을 헐어버리고
식물원과 동물원을 만들었습니다.
그리고 창경궁의 이름을 창경원으로 바꿔버리지요.

 동물원에서 가장 대식가를 꼽으라면 누구일까요? 바로 코끼리랍니다. 아시아코끼리는 건초나 과일 등을 주로 섭취하는데, 하루 평균 식사량이 102.3킬로그램에 달하고 배설량은 150킬로그램이라고 합니다. 거대한 몸집만큼이나 많이 먹지요?

코끼리 이름의 유래는 조금만 생각해도 그 뜻을 알 수 있을 만큼 매우 쉽습니다. 코가 길다는 뜻에서 나온 이름이죠. 동요 가사 중에도 "코끼리 아저씨는 코가 손이래. 과자를 주면 코로 받지요."라는 구절이 있잖아요?

그런데 여러분, 코끼리의 코는 부드러운 지방질로 되어 있어 유연하게 움직일 것 같지만 사실은 딱딱한 근육질로 이루어져 있다고 합니다. 알면 알수록 신기한 이 동물은 한반도에서 자생하는 동물이 아니랍니다. 우리나라 최초의 동물원 코끼리 역시 독일 함부르크 소재 하겐베크 동물원에서 수입해 왔죠. 사실 여기에는 꼭 짚고 넘어가야 할 아픈 역사가 있답니다. 우리나라 최초의 동물원인 창경원에 관한 이야기입니다.

창경궁은 성종이 태종이 거처하던 수경궁을 세조, 덕종, 예종의 세 왕후가 살 수 있도록 고친 궁입니다. 여러 번의 화재와 전란으로 일부 소실되기는 했지만 그 권위를 잃지 않던 곳이었죠. 그런데 1907년에 일본이 강제로 고종을 폐위하고 순종을 왕위에 앉히면서 이곳은 순종의 처소가 되었습니다. 일본은 이때부터 순종을 위로한다는 핑계로 왕권을 약화시키고자 창경궁을 바꾸기 시작했죠. 궁궐 내 유서 깊은 곳들을 헐어 버리고 전국에 산재해 있는 식물들을 모아 식물원을 만들었습니다. 사자, 호랑이, 곰, 낙타, 원숭이 등 70종 5000여 마리의 동물들을 한데 모아 동물원도 개원했죠. 이뿐만 아니라 한일 병합 조약이 이루어진 이듬해 1911년에는 창경궁의 호칭을 창경원으로 고쳤고 창경궁과 종묘를 잇는 산맥을 끊었으며 궁 안에다 일본인들이 좋아하는 벚나무를 수천 그루나 심었습니다.

그런데 흥미롭게도 코끼리는 그보다 훨씬 이전에 우리나라 땅을 밟았습니다. 역사에 처음으로 코끼리가 등장한 것은 1411년, 조선의 제3대 왕인 태종이 통치할 때입니다. 고려 시대에 발간한 대장경을 얻고 싶던 일본은 당시 희귀 동물인 코끼리를 조선에 선물했지요. 하지만 이 코끼리는 참으로 골칫덩이였습니다. 『조선왕조실록』에 따르면 코끼리가 하루에 콩을 네다섯말(70~90리터)씩 먹어 치웠는데, 검소함을 미덕으로 삼은 조선 왕조의 입장에서 보면 이는 매우 부담스러운 식성이었습니다. 게다가 이듬해에는 이우라는 이름의 사대부가 코끼리에게 못생겼다고 욕을 하며 침을 뱉자 코끼리가 그를 밟아 죽이는 일까지 발생했습니다. 이에 태종은 전라도의 한 섬으로 코끼리를 유배 보내지만 그 섬에서 코끼리의 먹성을 감당하지 못하자 코끼리를 다시 충청도로 옮겼습니다. 하지만 코끼리는 충청도에서도 사건을 벌였습니다. 사육사를 밟아 죽인 것이죠.

그 후로는 조선의 역사가 끝날 때까지 코끼리가 한반도에 들어온 적은 없습니다. 다만 중국을 유람한 조선 관리들이 코끼리를 보고 그 모습을 설명한 기록들은 남아 있습니다. 우리가 잘 아는 『열하일기』의 저자인 박지원도 코끼리를 보고 그 생김새를 매우 구체적으로 언급하

❖❖❖
1920년대의 창경궁 모습입니다. 호수 너머로 식물원이 보이네요. 창경궁은 1984년에 이루어진 복원 사업으로 동물들이 서울대공원으로 이전하면서 이전의 아름다움을 회복하고 있습니다.

는 짧은 글을 남겼죠. 한 부분을 살펴볼까요?

어떤 사람은 코끼리의 코를 부리라고 한다. 코가 그렇게 생겼을 거라고 생각하지 못하기 때문이다. 또 어떤 사람은 코끼리의 다리가 다섯 개라고 하고, 어떤 사람은 코끼리 눈이 쥐와 같다고 한다. 이들은 코와 어금니 사이만 보기 때문이다. 코끼리 몸 전체를 두고 가장 작은 부분만 보니 이런 엉뚱한 오해가 생기는 것이다.

_박지원 〈코끼리에 대하여〉 중에서

이 글을 보면 박지원이 단순히 생물학적인 의미에서 코끼리를 살핀 것이 아니라 어떤 의도를 가지고 글을 썼음을 알 수 있습니다. 예전 사람들은 믿기 어려울 정도로 거대한 몸집의 코끼리에 대해 뼈를 보거나 다른 사람들의 이야기만 듣고 머릿속으로 상상력을 발휘해 코끼리

상象을 만들었습니다. 이를 두고 박지원은 코끼리의 모습을 머릿속으로만 떠올릴 것이 아니라 정확한 실체를 파악해 그 이치까지 파고들어야 한다고 주장했습니다. 우리가 흔히 하는 장님이 코끼리 만진다는 말처럼 사물의 일부분만을 전부인 양 우기는 실수를 하지 말아야 한다는 교훈을 전하고 있는 것이죠. 박지원의 실학 사상을 잘 보여 주는 예라고 할 수 있겠습니다.

1950년대까지 버스는
대중교통 수단이 아니었다?

omnibus

버스

버스가 처음 등장했을 때만 해도 전차보다 요금이 비싸고
주로 경성과 주변 지역만 연결해 활발히 이용되지 않았습니다.
1960년대 전차 노선이 폐지되고 나서야 대중교통 수단으로 자리 잡기 시작했죠.

'버스bus'라는 단어에는 어떤 뜻이 담겨 있을까요? 겨우 알파벳 세 글자에 무슨 뜻이 있겠냐고 생각할 수도 있지만 버스에는 '모든 사람들을 위한'이라는 거창한 뜻이 담겨 있답니다. 1827년에 프랑스 낭트시 외곽에서 문을 연 온천장의 주인은 시내로 마차를 보내 단체 손님을 모셔 오곤 했습니다. 처음에 이 마차는 '리세부르그의 온천마차'라고 불렸는데 온천장 주인이 '만인을 위한'을 뜻하는 라틴어 '옴니버스omnibus'로 이름을 바꾸면서 더 유명해졌죠. 오늘날의 버스가 바로 이 옴니버스의 준말이랍니다.

한반도에서 버스가 언제부터 달리기 시작했는지는 정확하게 알기 어렵습니다. 하지만 대개 1911년에 마산과 삼천포를 오가던 합승 버스 혹은 1912년에 대구와 경주, 포항 등을 오가던 부정기 운행 버스를 최초의 버스로 봅니다. 두 경우 모두 국내에 거주하던 일본인들이 운행한 것이었죠.

당시 버스 운전사는 선망의 직업이었습니다. 멋진 운전 모자를 쓰고 대형 버스를 몰면서 사람들의 이목을 끌었고, 수입도 많았기 때문에 최고의 신랑감으로 꼽히기도 했죠.

그렇지만 버스는 주로 경성과 주변 지역 위주로만 운행한 데다 요금이 전차보다 훨씬 비싸 활발히 이용되지는 못했습니다. 하지만 한국 전쟁 이후 선로 위에서만 운행이 가능한 전차와 달리, 어디로든 이동할 수 있다는 장점이 부각되면서 전차를 앞지르고 대중적인 교통수단으로 자리 잡게 되었습니다. 그 결과 1966년부터 전차 노선이 폐지되기 시작했죠.

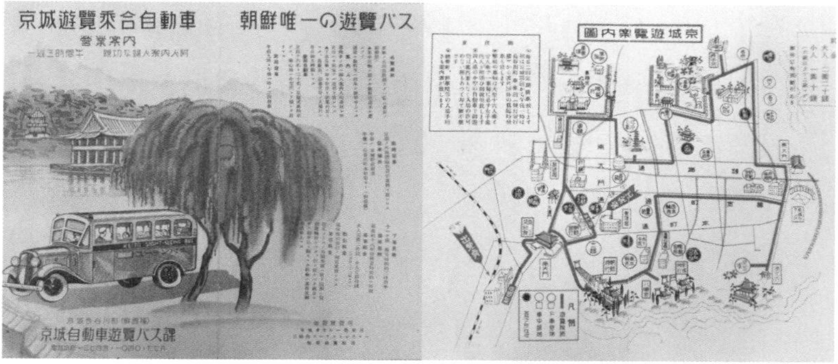

❖❖❖
1930년대에는 오늘날의 시티 투어 버스와 같은 경성 유람 승합 자동차가 운행했습니다. 사진 속 버스 영업 안내서에는 버스 승하차장 및 노선, 요금 등이 써있습니다.

옛날 영화에는 버스 안에서 출발 신호나 승객 안내를 담당하던 안내양이 등장합니다. 안내양은 1920년대 후반에 등장해 버스의 역사와 함께 성장했습니다. 하지만 심한 착취를 당하고 있었다는 점이 밝혀지고 승객 스스로 요금을 내는 자율 버스가 등장하면서 1988년 올림픽 개최 이후 사라졌답니다. 이후 급속한 인구 증가로 서울의 버스는 늘 만원이었는데, 최근에는 버스의 이용객이 감소하는 추세라고 하네요.

min +1분 한국사

조선 시대 유생들은 말보다 느린 당나귀를 선호했다?

근현대의 대표 교통수단이 버스라면 조선 시대의 대표 교통수단은 무엇이었을까요? 바로 당나귀랍니다. 당나귀는 유난히 귀가 커서 긴 귀를 가졌다는 뜻의 '장이長耳'라고 불리기도 했습니다. 당나귀를 뜻하는 한자어는 '여驢'입니다. 그래서 조선 시대 화가 함윤덕이 한 선비가 나귀를 탄 채 오솔길을 산책하는 장면을 그린 그림의 제목도 〈기려도騎驢圖〉랍니다.

당나귀는 얼핏 보면 말처럼 보이지만 말과는 모양과 성질이 다릅니다. 귀는 말보다 크지만 몸 크기는 훨씬 작고, 말과 달리 이마에 털이 없죠. 또 말보다 달리는 속도도 느리고요. 이렇게 보면 말보다 뛰어난 것이 없지만 실제로는 당나귀만이 가지고 있는 장점도 많답니다. 우선 체력이 강해 긴 거리를 갈 수 있고, 많은 짐을 나르는 데 제격입니다. 또 말보다 식량과 물을 적게 섭취해 어려운 환경에서도 잘 견디죠. 여러 가지 면에서 말보다 노력과 비용이 적게 들어가다 보니 조선 시대 유생들이 좋아하는 교통수단이었습니다.

당나귀가 가지고 있는 이미지는 선비의 이상과도 잘 맞아떨어졌습니다. 높은 말에 올라타 기량을 뽐내는 것은 유교를 숭상하는 조선의 선비가 추구하는 담백하고 검소한 이상과 거리가 멀었거든요. 유생들은 오히려 높이가 낮고 느리지만 말보다 강한 당나귀야말로 겸손을 중시하는 선비의 모습과 일치한다고 생각했죠.

그렇다고 해서 모든 선비가 당나귀를 탄 것은 아니었습니다. 말 그림의 대가로 유명한 윤두서의 〈마상인물도〉에는 당나귀를 탄 선비들의 모습과 확연히 다른 인물이 등장합니다. 금방이라도 뛰어오를 듯 기량을 뽐내는 말과 그 위에 올라탄 사람의 당당한 모습 등에서 느껴지는 힘은 겸손함과 거리가 멀죠. 그럼에도 바람에 날리는 관복의 움직임과 백마의 발놀림을 자세히 들여다보고 있으면 당나귀가 등장하는 그림의 정적인 분위기와는 전혀 다른 생동감이 느껴집니다. 아무래도 이런 선비에게는 당나귀보다 말이 잘 어울릴 수밖에 없겠네요.

1960년대에는 트로트를 국가적으로 금지했다?

fox trot

트로트

트로트는 1960년대 이후부터 엔카의 영향을 받았다는 이유로 부정해야 할 일제 강점기의 잔재로 인식되었습니다. 그래서 전 국민의 사랑을 받던 이미자의 〈동백 아가씨〉 등이 금지곡이 되었죠.

여러분은 어떤 장르의 음악을 좋아하나요? 힙합? 발라드? 아니면 리듬 앤드 블루스(R&B)? 대부분의 어르신들은 트로트를 좋아합니다. 텔레비전에서 방영되는 노래자랑 프로그램을 보면 트로트야말로 남녀노소를 가리지 않고 흥을 돋우는 데 최고의 음악인 것 같기도 합니다.

그런데 왜 할아버지나 할머니들은 유독 트로트를 좋아할까요? 사실 예전에는 사람들이 트로트를 좋게만 생각하지는 않았답니다. 트로트를 '뽕짝'이라고도 불렀는데, 트로트가 4분의 2박자 또는 4분의 4박자이기 때문에 뽕 하면 짝으로 들린다고 해서 뽕짝이라고 낮춰 부른 것이죠. 하지만 트로트를 쉽게만 보기는 어려울 듯합니다. 약 100년의 역사를 사랑하는 한국 대중음악의 큰 줄기이기 때문이죠.

'트로트'는 영어인 '폭스 트로트fox trot'에서 나온 말입니다. 폭스 트로트는 원래 사교 댄스의 리듬을 일컫는 말로, 4박자라는 공통점 말고는 트로트와 전혀 관련이 없습니다. 그저 특별한 이름 없이 불리던 노래 양식이 1960년대에 스탠더드팝이 대중화되면서 영어식 이름인 트로트라고 불리기 시작한 것이죠.

하지만 1960년대에 이름이 정해졌다고 해서 트로트가 1960년대에 생긴 음악은 아닙니다. 일제 강점기에 새로 생긴 음악 양식이죠. 1920년대에는 일본의 노래 양식 중 하나인 엔카를 번역하거나 번안* 한 노래들이 인기를 끌었습니다. 1930년 전후에 들어서야 비슷한 형

* 원작의 리듬이나 분위기는 그대로 두고 풍토에 맞게 가사를 바꾸어 고침.

식의 창작곡이 등장하는데 1928년에 이애리수가 부른 〈황성 옛터〉나 1935년에 이난영이 부른 〈목포의 눈물〉이 그러한 노래들이죠. 이들은 공통적으로 엔카의 단조 5음계를 바탕으로 비관적인 정조를 노래해 신파성이 강했습니다. 나라를 빼앗겨 식민지 국민이 된 사람들이 체념과 비극적인 정서가 담긴 신파조의 음악에 강하게 끌린 것은 당연한 일이었는지 모릅니다. 이 음악은 해방 후에도 무작정 고향을 떠나온 많은 사람들에게 꾸준히 사랑받았습니다. 이로써 일제 강점기 대중음악의 판도는 전통 민요에 기반한 신민요와 엔카의 영향을 받은 새로운 음악으로 나뉘게 되었죠.

엔카의 양식에 한국적 상황을 담아 노래한 트로트는 1960년대에 미국 팝 음악이 등장하면서 일제 강점기에 시작된, 부정해야 할 열등한 장르로 인식되기 시작했습니다. 소위 왜색 음악 혹은 불건전 향락 음악이라고 치부한 것이죠. 이때 트로트를 비하하는 뽕짝이라는 용어도 생기고 이미자의 대표곡 중 하나인 〈동백아가씨〉가 높은 인기에도 불구하고 불건전 가요로 낙인 찍혀 금지곡이 되었습니다. 1970년대 이후부터는 본격적으로 대중가요가 주류를 차지한 데다 포크송이나 스탠더드팝, 로큰롤 같은 서양 음악이 압도적으로 인기를 얻으면서 트로트는 점차 명맥이 끊어졌죠.

그러던 중 1972년에 조용필이 부른 〈돌아와요 부산항에〉가 인기를 얻으면서 트로트의 또 다른 전성시대가 열렸습니다. 그리고 심수봉, 주현미, 현철 등으로 그 계보가 이어지지요. 오늘날 젊은 트로트 가수들의 음악과 1930년대 트로트 음악을 비교해 보면 음악의 성격은 물론, 노래를 부르는 기교에도 많은 차이가 있습니다. 그럼에도 트로트만이 가지고 있는 리듬의 단순성과 신파성은 다른 장르와 확연히 구분되는 음악적 특징이라고 할 수 있습니다.

한때 왜색 가요라고 폄하되던 트로트는 이제 젊은 음악인들 사이에서 리메이크되어 불릴 정도로 많은 인기를 얻고 있는데요, 이렇게 지속적으로 사랑받는 데에는 그만한 이유가 있겠죠?

전 국민의 겨울 간식 호떡 안에는
원래 꿀이 없었다고?

胡-

호떡

중앙아시아에서 중국으로 전파된 호떡은 원래 밀가루 빵이었습니다.
그런데 임오군란 이후 한반도 곳곳에 생긴 호떡집들이
한국 사람들의 입맛에 맞춰 호떡에 설탕이나 꿀을 넣기 시작하면서
오늘날의 호떡이 만들어졌죠.

요즘은 지역마다 유명한 호떡집들이 있어 관광객들의 발길을 끈다고 합니다. 견과류와 설탕이 들어 있어 달콤하고 고소한 기본 호떡에서부터 그냥 먹어도 맛있는 잡채가 들어가 더욱 감칠맛이 나는 호떡, 고소한 치즈가 들어간 호떡, 아이스크림과 곁들여 먹는 호떡까지 참으로 다양한 호떡이 사람들의 입맛을 사로잡고 있는데요, 그중에서도 누텔라라는 초콜릿잼이 발린 호떡은 외국인들에게 많은 인기를 얻고 있다고 하네요.

이제는 세계에서 사랑받는 간식인 호떡. 그런데 그 시작은 그리 화려하지 않았답니다. '호떡'이라는 이름은 '오랑캐 호胡'와 '떡'이 붙어 만들어진 단어로, 글자 그대로 해석하면 '오랑캐의 떡'이라는 뜻입니다. 그런데 이상하지 않나요? 당시 중국이 청나라였던 점을 감안하면 청나라에서 들어온 음식이니까 청떡이라고 부르거나 화교들이 만들어 팔았으니까 화떡이라고 불러야지 왜 하필 호떡이라 했을까요?

우리나라 입장에서 보면 중국도 외국이니 오랑캐라고 할 수도 있겠지만 사실은 호떡이 중국을 거쳐 들어온 다른 지역의 음식이라 오랑캐의 떡으로 불린 것이랍니다. 바로 중국인들이 오랑캐의 나라라고 인식하던 중앙아시아의 선비족, 돌궐족 등이 먹는 음식이였죠. 지금으로 치면 카자흐스탄, 키르기스 등이 있는 지역으로 쌀보다는 밀로 만든 음식이 발달한 곳이죠. 그러니까 '호떡'은 중국인들이 먼저 부른 이름인 것입니다.

중국에 처음 전파된 초기의 호떡은 인도 음식 중 하나인 난처럼 화덕에 구운 밀가루 빵이었다고 합니다. 호떡이 한반도에 들어온 것은 임오군란 이후일 것으로 추측됩니다. 짜장면처럼 청나라 군대와 같이 들어와 정착한 화교들에 의해 전파된 것이죠. 당시의 호떡은 조선 사람들보다 가난한 중국인들을 위해 만들어진 값싸고 간편한 음식이었다고 합니다. 나가사키 짬뽕처럼 말이에요. 나가사키 짬뽕도 나가사키에서 일하던 중국인 인부들을 위해 만들어 팔기 시작한 중국식 음식이거든요. 호떡에 설탕이나 꿀을 넣기 시작한 것은 우리나라 사람들의 입맛 때문이었습니다. 짜장면에 춘장이 사용된 것처럼 현지인의 입맛에 따라 재료가 변화한 것이죠.

호떡 이야기를 하다 보니 우리가 흔히 사용하는 '호떡집에 불난다.'라는 말이 떠오릅니다. 보통 주위가 시끄럽거나 사람들이 언성을 높이면 으레 "호떡집에 불났냐."라고 하는데요, 실제로 예전에는 호떡집에 불이 많이 났다고 합니다. 호떡집에서는 장작불을 이용해 화덕에 불을 피웠기 때문에 화재가 날 확률이 높았는데 화교가 밀집해 있던 지역인 명동과 소공동에는 호떡집이 유독 많아 화재가 자주 발생했죠. 하지만 '호떡집에 불난다.'라는 말을 화재 자체보다 시끄럽다는 점을 강조한 표현이라고 본다면, 호떡집을 운영하는 화교들이 시끄럽다는 것을 은연중에 비꼰 것으로 볼 수 있습니다. 중국 상인들이 조선 상인보다 더 시끄러워서가 아니라 중국말을 알아듣지 못하는 조선 사람들과 중국 상인들 간의 의사소통이 상당한 소음으로 들렸기 때문입니다. 아무래도 같은 말을 여러 번씩 하다 보면 목소리도 커졌을 테니까요.

실제로 호떡집과 관련된 역사적인 사건도 있답니다. 바로 1931년

만주 길림성에서 일어난 완바오산(만보산) 사건이죠. 당시 일본은 중국 대륙을 침략하려는 욕심을 드러내고 있었습니다. 그래서 만주에 거주하던 한 중국인을 매수하여 중국 정부의 승인도 얻지 않고 완바오산의 토지 일부를 조선 농민에게 주면서 수로를 만들게 했죠. 이 공사가 끼칠 피해를 우려한 완바오산 지역의 토착 중국 농민들은 공사를 반대했고 그들과 조선인들 간에 감정싸움이 시작되었습니다. 결국 7월 2일에 일대 충돌이 일어났고 일본 경찰이 중국 농민들에게 무차별적으로 발포하기까지 했죠. 다행히 사상자는 발생하지 않았지만 일본에 의해 조작된 특보를 전해 들은 각 신문사들은 "200여 명의 동포가 중국 관민 800여 명과 충돌해 부상"이라는 자극적인 기사를 내보내고 맙니다. 그 결과 경성에서 중국인들이 자주 가던 몇몇 호떡집에 방화가 일어나고 적지 않은 화교들이 폭행을 당하는 등 중국인을 배척하는 움직임이 일어나게 됩니다.

솔뚜껑을 보면
흥분하는 사람들이 있었다고?

開-

개판 5분 전

한국 전쟁 이후 음식이 보급되는 날이면
큰 솥 앞에 많은 사람들이 모여 솥뚜껑이 열리기만을 기다렸습니다.
여기에서 엉망진창인 상황을 뜻하는
'개판 5분 전'이라는 말이 나왔답니다.

 '먹방 프로그램'이라는 말이 있을 정도로 음식에 관한 텔레비전 프로그램이 유행입니다. 다양한 음식을 다룰 뿐만 아니라 음식의 유래부터 관련된 역사와 문화까지 설명해 시청자들에게 인기가 높죠. 그래서인지 부대찌개의 유래에 대해서는 많은 사람들이 알고 있는 듯합니다. 부대찌개가 부대, 즉 미군 부대에서 흘러나온 햄, 소시지 등을 넣고 찌개로 끓인 음식이라는 것을 말이죠. 가난하고 배고프던 시절, 미군들에게 보급되고 남은 음식들은 영양도 좋지만 맛도 좋아 이를 한데 넣고 매콤하게 끓이면 훌륭한 음식이 되었을 것입니다. 물론 지금은 부대찌개를 파는 곳이 흔해 누구나 얼큰한 부대찌개를 손쉽게 즐길 수 있지만요.

'개판 5분 전' 역시 부대찌개와 비슷한 배경에서 기원한 말입니다. 부대찌개가 그 이름의 기원이 잘 알려져 있는 것에 비하면 다소 덜 알려진 말이죠. '개판 5분 전'은 무질서하고 엉망인 상황을 지칭하는 말입니다. 그래서 얼핏 들으면 개들이 뛰어다니며 문제를 일으키는 것인가 추측할 수 있지만 이는 잘못된 생각입니다. 여기서 '개'는 '열 개開' 자로, '솥뚜껑을 열기 5분 전'이라는 뜻이거든요. 왜 솥뚜껑을 열기 5분 전 상황이 엉망진창인지 알기 위해서는 당시 주한 미군과 우리 민족이 처한 상황에 대해 알아야 합니다.

설명하지 않아도 알겠지만 1950년 6월 25일에 일어난 한국 전쟁은 엄청난 사상자를 낳았습니다. 운이 좋아 살아남은 사람들도 가난과 배고픔에 시달렸지요. 그들에게 하루하루의 삶은 절실했고, 무엇이든 먹을 수 있는 것이라면 구할 수 있을 때 먹어야 했습니다. 어쩌다가 한

❖❖❖
1950~60년대 청계천의 모습입니다. 한국 전쟁 직후 서울의 비싼 주거비를 감당할 경제적인 여유가 없는 전쟁 피난민이나 부랑자들, 지방 이주민들이 청계천 주변으로 모여들었답니다.

번 음식이 보급되는 날이면 사람들은 너도나도 그릇이나 통을 들고 줄을 섰는데 보통은 큰 솥이나 드럼통에 넣고 끓인 음식이 배급되었답니다. 바로 여기서 뚜껑을 열기 5분 전, 그러니까 음식을 나누어 주기 5분 전을 뜻하는 '개판 5분 전'이라는 말이 나왔습니다. 당시 어떤 광경이 펼쳐졌을지는 보지 않아도 충분히 상상할 수 있겠죠? 수많은 사람들이 한꺼번에 몰려 먼저 음식을 받기 위해 서로를 떠미는 상황이 벌어지기 일쑤였습니다. 흔히 개판을 개싸움으로 연결짓는데, 아마 이러한 모습이 개싸움을 연상시켜서인지도 모르겠습니다.

긴 세월 동안 주한 미군이 한국인들의 삶에 끼친 영향은 음식 문화뿐만이 아니었습니다. 일일이 다 말할 수 없을 정도죠. 미군을 위한 라디오 방송인 AFKN을 통해 다양한 외국 음악이 우리에게 전해졌고 우리나라 대중음악의 전설격인 유명 가수들도 처음에는 미군 부대에서 활동했거든요.

한미 상호 방위 조약에 따라 미군이 우리나라에 주둔한 지도 벌써 70년이 넘었습니다. 현재 주한 미군의 수는 미국이 전 세계에 파견한 군인의 수와 비교했을 때 3위 수준이라고 합니다. 독일이나 일본에도 약 4만 명의 미군이 주둔하고 있는데 미군이 주둔하는 데 드는 비용 측면에서 보면 우리나라는 약 70퍼센트를 부담하고 있어 GDP 대비 독일이 지불하는 비용의 3.7배를 지불하고 있다고 하네요. 이렇게 어마어마한 비용을 대면서까지 미군을 주둔하게 만드는 이유, 과연 언제 사라질지 궁금합니다.

이 책에 사용한 그림과 사진

◆ **국립중앙박물관**

P20_쌍두령 | P29_가락바퀴 | P38_청자 참외 모양 병/청자 참외 모양 정병/청자 상감 모란 버드나무 무늬 참외 모양 주자/청자 참외 모양 주전자 | P128_〈천룡신중도〉 | P154_〈국서누선도〉 | P171_당백전

◆ **봉원사**

P81_영산재

◆ **문화재청**

P90_강원 감영 포정루/중삼문/내삼문/선화당 | P96_순라길 | P108_〈함경도 지방의 과거 시험〉 | P117_근정전 내부

◆ **수필름**

P120_영화 〈간신〉 스틸컷

◆ **삼각산 도선사**

P126_〈신중도〉

◆ **간송미술관**

P146_〈주사거배〉 신윤복 作 | P159_〈연소답청〉 신윤복 作

◆ **서울역사박물관**

P175_조선변보(임오군란이 일어난 과정을 담아낸 일본의 전쟁화로, 조선인들을

폭도로 묘사하고 일본인들은 영웅으로 그려 당시의 왜곡된 시각을 엿볼 수 있다.) | P177_무위영들의 일본 공사관 습격 | P189_한성 전기 회사 위에서 담아 낸 종로 일대의 전경 | P199_1920년대의 창경궁 모습 | P203_경성 유람 승합 자동차 영업 안내서 | P216_1950~60년대 청계천의 모습

단어로 읽는 5분 한국사

초판 1쇄 인쇄 2018년 6월 15일
초판 1쇄 발행 2018년 7월 1일

지은이 김영훈 **펴낸이** 김종길 **펴낸 곳** 글담출판사

기획편집 박성연·이은지·이경숙·김진희·김보라·안아람
마케팅 박용철·임우열 **디자인** 정현주·박경은·손지원 **홍보** 윤수연 **관리** 박은영

출판등록 1998년 12월 30일 제2013-000314호
주소 (04029) 서울시 마포구 월드컵로8길 41(서교동)
전화 (02) 998-7030 **팩스** (02) 998-7924
페이스북 www.facebook.com/geuldam4u **인스타그램** geuldam
블로그 http://blog.naver.com/geuldam4u

ISBN 979-11-86650-58-5 (43190)
책값은 뒤표지에 있습니다.
잘못된 책은 바꾸어 드립니다.

이 도서의 국립중앙도서관 출판시도서목록(CIP)은 e-CIP 홈페이지(http://www.nl.go.kr/ecip)와 국가자료공동목록시스템(http://www.nl.go.kr/kolisnet)에서 이용하실 수 있습니다.
(CIP 제어번호 : 2018015396)

만든 사람들
책임편집 안아람 **디자인** 박경은